高倉健の愛した食卓

小田貴月

文藝春秋

目次

7

夜食

いただきます〜はじめに

一緒に食べるかけがえのないひととき

「僕は100％外食です。昼はスポーツジムでフルーツとか野菜のフレッシュジュースだけ。食事らしい食事は、1日1食。夕食だけで、その日のカロリーを一気に摂っています。どこの店でも、とっても親切にしてくれるので困りません。行きつけの店が何軒かあります。和食屋とか中華料理屋とか、イタリアン、ステーキ屋、寿司屋なんかに仲間と一緒に順繰り行くんです。なかでも好きなのは肉です」

ここに登場する僕とは、映画俳優 高倉健。

私は、１９９６年に仕事で訪れていた香港の中華レストランで偶然高倉さんに出逢い1年近い文通を経て、縁の下の力持ちになることを決意しました。高倉が66歳、私は33歳。冒頭の話は、出逢って間もないころ話してくれた食の日常についてです。私は、高倉が日々発する周波数を的確に受けとめようと努め、17年の歳月を過ごし、最期を看取りました。

この本は、拙著『高倉健、その愛。』に記した食事メニューの一例を目にされた編集者の方が「食べてみたいです！」と、笑顔でお声をかけてくださったことで生まれました。

「僕は、映画俳優って肉体労働者だと思ってるよ。風通しのいい家にいて、年中朗《ほが》らかに過ごしていたいけど、それじゃ僕の仕事は成り立たない。仕事で声をかけていただいたら、すぐに仕事に向かえる旅の支度が整えられなきゃいけない。支度ったって、荷物を詰め込むことなんかじゃないよ。暑い寒いに堪え、腹が減っても文句も言わず役目を果たす。期待に応えられるように、体調、気力を万全にしておく。それこそが、ギャラ（出演料）を払ってもらえるプロなんだよ。とにかく役柄云々の前に、だらしない身体を晒したくない。だから、仕事を待ってる時が一番大事」

これが、私が知る、映画俳優 高倉健の体調管理のこだわりでした。

本名、小田剛一《ごういち》。東京の大学を無事卒業できたものの、当時は就職氷河期でした。

高倉は、東京で就職することを一旦諦め、故郷、福岡県に戻り、当時お父様が経営していた砕石業を手伝ってはいたのですが、東京に住む好きな女性とどうしても結婚したいと、身を立てる必要に迫られ再び上京するのです。大学の恩師の伝手《つて》で、大手芸能事務所のマネージャー見習い候補として喫茶店で面接を受けることになり、その時、たまたま店に居合わせていた映画会社重役にその容姿を見初《みそ》められ、「君、俳優にならないか」とスカウトされたことで、映画俳優への道が開かれました。

俳優養成所に通いながら給料がもらえるという好条件に惹かれ、少し遅れて東映第二期ニューフェイスの一員となりましたが、もともと俳優業への憧れがあったわけでも、芸事に触れていたわけでもなく、お金もない。バレエの授業に必要なタイツさえ買えず、仕方なく、授業は水着で受けていたのだとか。日本舞踊の所作を習っていると、着物の裾がグズグズに開《はだ》け、仲間の失笑を買う。しまいには指導者から、

「あなたの目には意味がある。経験上わかる。悪いこと言わないから、この仕事はあきらめたほうがいい」

と本格的な仕事を始める前に引導を渡されたといいますが、

「食ってかなきゃいけないから、今はやめるわけにはいかないんですって、なんか燃えたんだよね。何がなんでも、この仕事で食ってってやるぞって。生まれ持った反骨心だよな」

と食い下がったのだとか。

養成所でのプログラム満了を待たずして、映画主演デビューを果たした高倉ですが、その後も順風満帆とはいきませんでした。お金を求めて扉を叩いた映画界。当たり役を得て、熱狂的なファンから〝健さん〟という愛称で呼ばれる

ようになるまで9年の歳月が経っていました。

映画会社を離れ独立してからは、『八甲田山』（1977年）、『南極物語』（1983年）など撮影条件が厳しい作品も増え、海外作品としてハリウッド作品『ブラック・レイン』（1989年）や中国映画『単騎、千里を走る。』（2006年）などにも出演、一作品ごとに熱い思いを込めて撮影に臨みました。見つめられ、観客を魅了することが求められる映画俳優という生業《なりわい》。『鉄道員《ぽっぽや》』（1999年）では、第23回モントリオール世界映画祭で主演男優賞を受賞、完成した映画が、海外へと大きく羽ばたくものになることも経験していきました。

「三菱自動車のコマーシャルをさせていただいていたとき、ドイツのシュツットガルトにあるポルシェの工場に立ち寄らせてもらう機会があって、そこで会った職人が言ったんだよ。わたしたちは、いかに美しく走らせるかを考えて車を造っていますって。いい笑顔だった。そのとき、自分が追いかけるものが金だけっていうのが、なんだか情けねえなって思えてきた。一時期は、日本で一番のギャラをもらうことが目標だったけど。僕ができることは、自分の職業の地位を一歩でも引き上げる役目を果たすことなんじゃないかって。遅まきながら、気づかされたんだよ」

と出逢いのすばらしさを話してくれました。

生きるために選んだ映画俳優でしたが、主演映画の役柄そのままに義理人情に篤《あつ》く、寡黙で気骨溢れるイメージを背負いながら、魅せる職業としての責任感や美意識を生涯持ち続けていました。

寄り添う私にできることは、身体作りの源、食生活の見直しでした。

１００％外食で、足りない栄養素をサプリメントで補うという生活から、ほぼ１００％家食へ、サプリメントはできるだけ控えめにしていただく。

旬の食材や彩り豊かな果物をたっぷり摂りながら、季節の草花で心を潤した日々を思い出し、共に食べたおよそ１万３０００食からメニューを選び料理を再現しました。

自然光のなかで撮影した15か月の記録です。

1

ブランチ

おいしいを感じる倖せ

私が出会ったころ高倉は60代後半、生涯現役を貫く決心を固め、30代から通い続けているスポーツジムでのトレーニングは欠かしていませんでした。聞けば、ひたすら筋力強化に夢中のようだったので、柔軟性を意識したトレーニングも加えてみてはと勧めました。1日1食、夕食がっつり型を見直して、何食かに分けること。罪悪感なく適量を食べて理想とする体形を維持するために、一度の食事の7割ほどを野菜メニューにできないか考えました。

体調の良し悪しは、突き詰めれば整腸で、肌、毛髪や声に至るまで様々に影響するのだと思います。撮影中は、プロの手によるメイクアップで、多少肌のコンディションが良くなくてもカバーしていただけると思いますが、それでも、日頃の地肌ケアはとても大切に思えました。

余談ですが、超乾燥肌の高倉は、身だしなみの一つとして唇ケアを欠かさず、リップスティックは必須アイテムでした。家のなかではもちろんのこと、外出時はジャケットやズボンのポケットにいつも忍ばせ、さりげなく塗り直していました。お気に入りブランドは、アメリカのBlistex（ブリステックス）。高倉はいつもアメリカで大人買いしてきていました。

そもそも老化の原因は、活性酸素が増えて身体の細胞を傷つけていくことです。なかでも飲酒、喫煙、紫外線などが一因と言われています。

【飲酒】高倉は大学時代、飲酒がもとでいろいろな失敗を繰り返したそうで、社会人として仕事を始めたころには酒類はほぼ口にせず、珈琲党に大変身。30代ころのものでしょうか、撮影スタジオセットの傍らで、共演者やスタッフの方々に、デミタスカップに珈琲を振る舞っている高倉の姿が写真に残されていました。

【喫煙】かつて1日3箱吸うほどのヘビースモーカーでしたが、映画会社から独立後、主演に抜擢された大作映画『八甲田山』（1977年）の撮影の過酷さに、このまま煙草を吸い続けて身体が持たなくなることへの怖れと、撮影が無事に終わることを願って禁煙を決意したとか。以来、1995年のLARKのコマーシャルの撮影の時まで、煙草を口に銜《くわ》えたことはないと話していました。

【紫外線】30代までは撮影が一段落するたび、日焼けを目的にハワイへの渡航を繰り返したり、国内では日焼けサロンに行くのが当たり前という時期を経て、晩年は、家の庭で日光浴を楽しむ以外は、大量の紫外線を浴びる機会は減っていたように感じます。

ブランチ（brunch）は、朝食（breakfast）と昼食（lunch）を兼ねた食事です。

撮影のない日は、起床して朝陽を感じながら、ストレッチでゆっくりと身体をほぐして、空腹を意識してから食事をする。

一日のはじまり、ブランチでとくに意識したのは、野菜や果物類をたっぷり摂ってもらうことでした。

高倉の「お腹すいたなあ」が、食卓につく良きタイミング。

イギリスパン版フレンチトースト

〈春夏のブランチ〉
林檎とツナのグリーンサラダ
ヨーグルトブルーベリー添え
人参ジュース
豆乳
オレンジとフルーツチーズ
イギリスパン
目玉焼き
粗びきウインナー　粒マスタード添え

春や夏の時期は、葉物野菜に果物をたっぷり添えて

サラダの葉物類の基本はルッコラ。地中海沿岸が原産で、炒《い》り胡麻のような風味と辛味は大人の味。この辛味成分アリルイソチオシアネートには抗酸化作用があり、ビタミンCはほうれん草の2倍。

その他に、アイスバーグ（＝一般的なレタス）。レタスの一種でなめらかな食感が特徴のバターヘッド。リトルジェムは、バターヘッドレタスの柔らかさとロメインレタスのシャキシャキ感を併せ持つ品種です。クレソンは別名オランダミズガラシ、さわやかな香りで、辛味と苦味があって肉料理の付け合わせにも使われています。身体の代謝に不可欠な栄養素が豊富に含まれ、ビタミンCの欠乏で時には死に至ることもある壊血病を予防する効果が認められています。春菊も栄養価に優れた野菜で、独特の香り成分は胃腸の調整、食欲増進、

巨峰のグリーンサラダ

ルビーグレープフルーツのグリーンサラダ

消化促進効果が期待できるようです。鍋物の定番白菜は、あえて生食で。柔らかな葉の部分は大きめなざく切りに、白い軸の部分は3〜4㎝の長さにして、3㎜ほどの細切りにすると食べやすく、ほかの葉物類とも相性が良くなります。鉄やビタミンCが豊富なことで知られるほうれん草は、灰汁《あく》の少ないサラダ用を使います。セロリは茎より葉の部分がより栄養価が高く、独特な香りには鎮静作用があるとのこと。

このようなものから、複数を取り混ぜて盛り付けました。

紅くるり大根とオロブロンコのグリーンサラダ

果物類の魅力は、栄養価や成分のほか、彩り豊かな見た目の華やかさではないでしょうか。ビタミンやポリフェノール、カロテノイドが含まれていて抗酸化作用も期待できることから、その日のはじまりのブランチメニューに欠かさないようにしました。とはいえ、果物の果糖（フルクトース）を摂り過ぎると、肝臓で中性脂肪に合成されて肥満の心配も。そこで、1日に可食部200gを目安に、林檎、スイカ、マンゴー、パパイヤ、オレンジ、グレープフルーツやオロブロンコに代表される柑橘類、キウイ、葡萄《ぶどう》、パイナップル、サクランボ、苺《いちご》、プルーン、梨、柿、メロン、桃、バナナ、無花果《いちじく》、栗などを食べやすいようにカットしてお皿に盛るだけでなく、葉物サラダに添えたり、ときには、ヨーグルトに盛り付けたり、水分が多めの果物類、苺、スイカ、グレープフルーツ、オレンジ、メロン、みかん、林檎などはフレッシュジュースにしました。

ジュースに適した果物がない時期は、トマトジュースの出番です。スイカも然《しか》りですが、「この色、元気をもらえるね」と、高倉は真っ赤な色が大好きでした。

グリーンオリーブとベーコンと胡桃のグリーンサラダ

ブランチでの飲みものは、フレッシュジュースのほかに、毎朝豆乳を出しました。ひと晩水に浸しておいた大豆を使い、豆乳メーカーにセット、作り立ての一杯を出すことを心がけました。

葉物サラダの仕上げには、歯ごたえが期待できるナッツ類をトッピング。身体の代謝を上げたり、アンチエイジングの効果大。アーモンド、胡桃《くるみ》、カシューナッツ、ピスタチオ、マカデミアナッツ、ピカンナッツ、ヘーゼルナッツなどをミックスして、量は、片手一握り分。咀嚼《そしゃく》回数が増えることで、唾液の量が増えて飲み込みやすくなり、その上消化も助けてくれるのです。

桃とカマンベールチーズ

枝豆とコーンのグリーンサラダ

高倉は4人兄妹の次男として育てられました。

「朝ご飯の時、1人1個の卵を、お母さんが『今日はどうしたい？』って聞いてくれたんだよ」

うれしそうに思い出話をする高倉を見て、私もできる限りその思いを引き継ごうと思ったのです。

卵料理は、その日のリクエストに応じて、目玉焼き、オムレツ（プレーン、ベーコンやマッシュルーム入りなど）、スクランブルエッグ、温泉卵や茹《ゆ》で卵にしました。

高倉は、目玉焼きの黄身の火の通り方にこだわりがありました。

「このトロッとした黄身がたまらないね」

白身の薄い膜からゆっくりと流れ出る黄身を、パンですくいとって食べるのが、至福の時間のようでした。

フライパンの厚みによりますが、火加減は中弱。オイルを軽く引いて、低い位置から丁寧に卵を割り落とし、卵の底にある程度火が通ったら、大さじ1杯ほどの水を差し蓋をして蒸し焼きにします。少し弱火にして、白身の膜が黄身を包み込んでくれるのを待ち、温めたお皿に移して、ベーコンや厚切りハムを添えました。

温めたお皿の熱が伝わり過ぎたのか、予想より黄身へ火が通り過ぎてしまい、

「今日のは、黄身が流れてこないなあ」

とダメ出しを受けることはたびたびありました。

暑い夏が過ぎ
秋風を感じるようになると、
生野菜サラダを少しずつ
スープに切り替えていきます

〈秋冬のブランチ〉

トマトスープ
ベーコン&コーン炒め
レーズンパン&3種チーズ
オリーブオイル&バルサミコ酢
ウォルドーフ・アストリア・ホテル風サラダ
ヨーグルト（ドライクランベリー
&ドライ甘夏ピール メープルシロップ）
林檎ジュース

旬の時期になるとお届けいただくことが多かったとうもろこしは、鮮度が命。皮を剥き生のままで、あるいは茹《ゆ》でて実をそぎ切りにして、小分けにラップしできるだけ早めに冷凍保存しました。

コーンポタージュを作るときに、鮮度の良い生のとうもろこしを用意できないときは、解凍とうもろこしの出番となります。適量のとうもろこしと、玉葱の薄切りを有塩バターとオリーブオイルで炒め、適量の水を加えて柔らかく煮込んだあと、フードプロセッサーにかけ滑らかにしたものを鍋に戻し入れて、牛乳を加えて味見。とうもろこしの個体差があるので、塩梅をみながら、軽く塩を加えました。とうもろこしのプチプチ食感を楽しみたいときには、フードプロセッサーはなしで。

コーンポタージュ

ミネストローネスープ

ミネストローネスープに使う食材は、その時冷蔵庫にストックしてあるいろいろな野菜を使いました。煮崩れるリスクのあるイモ類を加えるときは少なめに。心掛けたのは、それぞれの材料をできるだけ同じ大きさに切り揃えること。人参、キャベツ、ズッキーニ、厚切りベーコンに加え、欠かさなかったのは、玉葱とセロリです。野菜から出る旨味《うまみ》の濃さを確かめながら、コンソメ調味料を足すことも。トマトピューレやトマトケチャップを加えて、塩、胡椒《こしょう》で調えます。生トマトを小さく刻んでトッピングすると一層華やかです。

さつまいものポタージュ

アサリチャウダースープ

さつまいもも、じゃがいもも比較的手に入れやすいイモ類ですが、植物としてはまったく違い、じゃがいもはナス科、さつまいもはヒルガオ科です。じゃがいもはでんぷん質が糊化《こか》しやすく温めると粘りが出てくるので、ポタージュ（濃厚でとろみの付いたスープのこと）にするときは、冷製のヴィシソワーズにしました。ポロネギは手に入れにくいので長ネギで代用しても滑らかに仕立てられます。

さつまいものポタージュは自然の甘味を引き出して、肌寒くなってきたときにほっこり優しい気持ちを取り戻させてくれます。トッピングには、さつまいもの端の細いところを薄切りにして軽く炙《あぶ》って添えました。

コンソメスープの卵のふんわり加減は、口当たりを左右するポイント。煮立たせたスープに、菜箸などに溶き卵を伝わせ、入れ終わったら、お玉を優しくひとまわし、ふたまわし。

トマトと卵のコンソメスープ

オレンジカリフラワーのポタージュ

オニオングラタンスープ

オニオングラタンスープの主役の玉葱は、繊維にそって2～3㎜ほどの薄切りにします。厚めの鍋にバターを入れ、温まってきたら最初は強火で玉葱を炒めていきます。玉葱が鍋底でチリチリと音を立ててきたら、弱中火にして、木べらなどで底をさらうように混ぜ合わせます。飴色になるまで、根気よく。水を加えて、チキンブイヨンで味を調えます。

スープの上にバゲット、そしてとろけるチーズが定番ですが、バゲットは別皿にしたり、チーズもお好みで。

「極寒のヨーロッパロケの時、現地のレストランで薦められて、舌を火傷しそうなほどグツグツしてるオニオングラタンスープを食べたんだけど、メイン料理をくってさらう旨さだった。家で食べられるの、嬉しいね。冬が来たなって実感するよ」

と、高倉。ル・クルーゼの赤い耐熱カップは、冬の時期には大活躍でした。

「今度の週末、温かい牛乳をかけたオートミールがいいな」など、海外での食生活に影響を受けた高倉から、白米やパン類と同じようにリクエストされたのがシリアル類でした。シリアルは、とうもろこしや小麦などの穀物の加工食品で、白米と比較すると食物繊維やミネラルが豊富な反面、脂質、ナトリウム、食塩なども多く含まれています。オートミール、コーンフレーク、ミューズリー、グラノーラもシリアルの仲間たち。

温めた牛乳を注いで、お粥《かゆ》のように食べるのが高倉の好みでした。

有機シリアル　ヨーグルト&蜂蜜かけ

苺ヨーグルト メープルシロップかけ

苺コンフィチュールヨーグルト

ヨーグルトに合わせるのは、フレッシュフルーツ、ジャムやコンフィチュール、ママレードのほかに、蜂蜜やメープルシロップなど。

とくに身近だった蜂蜜は、マヌカハニーでした。

映画『海峡』（1982年）の青森県竜飛《たっぴ》での撮影の時に、ご縁をいただいた方が後にニュージーランドに移住され、高倉の健康を気遣い定期的にお届けくださっていたからです。

マヌカハニーは、主にニュージーランドに植生するマヌカという希少植物の花の蜜で、抗菌作用と殺菌消毒作用が期待でき、さらに免疫力アップに役立つビタミンCが含まれている特殊な蜂蜜。

高倉は、喉がイガイガするような風邪の初期症状を感じたときに、うがいをしたあとティースプーン1匙《さじ》ほどを口のなかでゆっくり溶かして、早めの対処を心掛けていました。海外では、医療用マヌカハニーが病院や薬局で使われることもあるようです。


花粉荷《かふんか》（ピーポーレン）は、蜜蜂が花の蜜を集めるときに蜜と花粉を混ぜ固めたもので、蜜蜂の後ろ脚にぶら下がっているオレンジ色の球体です。舌触りは最初少し硬めですが、ヨーグルトに入れると、しっとりしてきてほのかな甘さが楽しめます。たんぱく質、必須アミノ酸、ビタミン、ミネラル、脂質、酵

花粉荷とオレンジママレードのヨーグルト

素、食物繊維、αリノレン酸などの栄養素が含まれている健康食品なので、日頃から、少量ずつヨーグルトにトッピングしていました。花粉や蜂蜜でアレルギー症状が出た方は、注意が必要なので控えた方が良い食品でもあります。

週末は特別リクエストにお応えします

金曜日の夜は、高倉から、

「あしたの朝ごはんは何？」

と改めて訊かれました。

「撮影で台湾に行ったとき、とっても贅沢なお粥を食べさせていただいたことがあってね。僕は、お粥っていうものは身体の調子が悪くなったときに、お母さんが作ってくれるものだと思っていたから、あんまり楽しい思い出があるわけじゃないんだけど、あのお粥セットをいただいたあと、とっても印象が変わった。お粥というか、一緒に出してくれるおかずの種類が多くて数えきれないほどだった。週末はお粥もいいよね。断然気分が変わる」

こうして高倉のリクエストに応えたのが、ウィークエンドお粥膳。

家でのお粥膳のおかずは常備菜的なものばかりですが、いろいろなものが少しずつ小鉢にのっているお膳を喜んでくれました。

〈ウィークエンドお粥膳〉
白粥
梅干し　塩昆布
ザーサイ　焼明太子
肉味噌&金柑甘露煮
銀鮭ハラミ　岩もずく　豆腐

パンケーキ

お粥膳と並んで、週末ブランチメニューとしてよくリクエストされたのが、サンデーパンケーキでした。

「メープルシロップは、パンケーキにかけないでピッチャーに別に入れてね。自分で好きにかけたいから」というのが、パンケーキの高倉流食し方のこだわり。焼きたてのパンケーキにバターをやや控えめにのせて、テーブルに置きます。バターがじわーっと溶けかかったころをみはからって、高倉がメープルシロップをまわしかけるのですが、それはそれはうれしそうでした。

巣ごもり卵

普通の目玉焼きをバージョンアップした巣ごもり卵。
フライパンに適量のオリーブオイルを引いて、千切りのキャベツを広げ入れます。彩りに人参の細切りやとうもろこしを加えて、最後に卵を割り、おとし蓋《ぶた》をして蒸し焼きにします。野菜が焦げ付かないように、火加減は弱火から中火に。野菜はお好みで。

ベーコンとほうれん草のパンキッシュ

ガレットは、フランス語で小石を意味するガレ（galet）から派生して、丸く焼いた料理を指します。

一年中手に入りやすいじゃがいもですが、春の新じゃがは皮が薄く、秋は皮が厚め。主な成分はでんぷん。ビタミンCは、みかんと同じくらい豊富に含まれています。北海道からじゃがいもが届けられると、このガレットが人気メニューに浮上します。

じゃがいもの分量は食べたいだけ。皮を剝いて薄くスライスしたあと、やや細切りに。水には晒しません。バターに少しオリーブオイルを加えて、フライパンを中火で熱し、手をかざして表面の温かさを確認してから、切り終えたじゃがいもを入れオイルとなじませていきます。中弱火にしたらスパチュラで隙間を埋めるように、底面に押し付けながら形を整えます。蓋をして少し蒸し焼きに。好みの焦げ目がついたらひっくり返して焼き付けます。香ばしい焼き目がついたら完成。予《あらかじ》め温めた大皿に盛って軽く塩を振り、チーズグレーターでパルミジャーノ・レッジャーノをおろして出来上がり。お好みで白胡椒を少々。

じゃがいものガレット

ポンデケージョ

高倉が戦中戦後を過ごした少年時代は、決して豊かとはいえない食料事情だったと聞きました。ある時、駐屯基地で知り合った同年代のアメリカ人少年の家に遊びに行く機会がありました。翌朝お土産に渡されたのがサンドイッチでした。初めて嗅いだパンのイーストの匂いに、

「これが幸せの匂いっていうのかなあ」

と思ったと言います。

以来、高倉にとって、食パンのイーストの匂いや焼いたトーストの香りは、幸福感に重なる記憶となったようでした。

「いつか森の中に、暖炉のある小さな別荘を作りたい。でも、一つ大事な条件があって、それは、近くに美味しいパン屋さんがあるところ。毎朝、そこに焼き立てのバゲットを買いに行くんだ。歩いて行ってもいいし、自転車に乗っていってもいいよね」

と夢を語ってくれたことがありました。

バゲット版フレンチトースト

フレンチトーストを作るとき、卵、牛乳、きび砂糖を使い、アパレイユ（卵液）を準備します。パンはフォークなどで穴を開けて、レンジで軽くあたためてからアパレイユに浸すと、なかまでしみこみやすくなります。焦げやすいので、火は弱火がお勧め。お皿に添える果物を増やして、フレンチトーストの甘味は控えめに仕立てました。

ピザ生地に限りませんが、時間が許せば、できるだけ手を使って粉を捏《こ》ねるのが好きでした。最初はベタベタとしていた粉にまとまりが出てきて、さらに捏ね続けていると、すべすべした生地肌に変わり、指先や掌から伝わってくる生地の心地よさが、まるでセラピーのようにも感じられるからです。

自家製のピザ生地を作るたのしみは、強力粉や薄力粉のブランドにこだわったり、比率を変えたり、自分好みの食感を探れるところ。薄くのばしたパリパリクリスピータイプ、もちもちふっくらタイプ、あるいはその中間。

好きな具材をならべて、焼き立てを頬張れることがいちばんの贅沢ですね。

ピザ・マルゲリータ

ドライ無花果とバナナのデザートピザ

中太巻き、干瓢巻き、梅きゅう巻き

「おーい、こっちに来て」

と、高倉から呼ばれたのは、私がキッチンで後片付けをしていた時でした。

急ぎリビングに向かうと、テレビを指さし、

「これ食べたいなぁ」と。

画面を見ると、お料理番組で太巻きを作っているところでした。干し椎茸、干瓢《かんぴょう》、玉子、桜でんぶなど彩りの美しい取り合わせ。翌日、すぐに作ってみたのですが、具材を欲張ったり、ご飯との取り合いがうまくいかなかったり、巻き簀《す》を締めすぎてしまい爆発を経験したりしながら、次第にボリューム感が摑め、綺麗に巻けるようになりました。あまり太くないほうが、食べやすいこともわかってきたので、太巻きというより、中太ほどの太さに落ち着きました。

稲荷寿司（プレーン&ひじき）

肉まん

2

小鉢・副菜

まいにち楽しく一生懸命

温奴

心躍る野菜の彩り、気持ちを添える器選び

メインメニューにどんな洋物がラインナップされても、先付け的な最初の1品目を守り抜いたのは、4分の1丁ほどの絹ごし豆腐、温奴《おんやっこ》でした。

高倉は、常温か温かいものを好みましたので、真夏でも豆腐は冷奴にせず常温です。すりおろした生姜《しょうが》と長ネギのみじん切りを添えて、醤油はお好みで。

夕食時、食事全体の7～8割を野菜料理にできないかといろいろ工夫してみた小鉢・副菜メニュー。主菜を出すまえに、できるだけ旬のものや、彩りを考

えて2品か3品お盆に並べると、

「何だかたくさん出てきてうれしいね。そうか、今年も◯◯が食べられるようになったんだ」

季節を感じてもらえる会話が弾みました。

高倉が映画俳優の仕事をするようになってから、実家に戻った時の話をしてくれたことがありました。

「『子どものころ、食事中はしゃべるもんじゃありませんってお母さんに躾《しつ》けられたけど、とくに海外の人と仕事するようになって会食するときに、会話に参加するだけじゃなく、自分からどんな話題を提供できるかってとっても大切なことなんだよ。美味しいものをいただいたら、さりげなくそのことに触れるとか。ただ黙ってパクパク食べてればいいってもんじゃないんだよ』って話したのを覚えてるよ。お母さんは、黙って下向いてたな。時代が違うっていえばそれまでなんだけど。だから今は、一緒に食事をするっていうのは大事なコミュニケーションの時間だって気づかされたよね。話すだけじゃなくて、いつもはしっかり食べてるのに、今日は食べないなとか。相手を思いやる絆を育《はぐく》む時間なんじゃない？」

マッシュルーム（ツクリタケ・セイヨウマツタケ）は、加熱が必須とされているきのこ類のなかでも、生食できる珍しいきのこ。サラダ用の生ほうれん草の鮮やかな緑色と、スライスマッシュルームが爽やか。
オリーブオイルでカリカリに焼いたガーリックチップを散らして、食べる直前にグレーターでパルミジャーノ・レッジャーノをおろします。オリーブオイルとバルサミコ酢を回しかけて、黒胡椒を振って出来上がり。

ほうれん草とマッシュルームのサラダ

オレンジ白菜と林檎&胡桃のサラダ

ニューヨークのウォルドーフ・アストリア・ホテルで考案された胡桃、林檎、レーズン、セロリなどが入ったサラダの白菜版。えぐみの少ない白菜を生で。オレンジ白菜は青臭さが少なく、甘味も強く感じられます。

ラディッシュ（二十日大根）は小型の大根。種まきから収穫まで30日。スライスして主菜に添えるもよし。エイッとそのままをお皿に盛ると華やかさこのうえなく、インパクト大。ミネラル塩を添えて、セロリやレタスと一緒に。

アンディーブはフランス語名で、英語名ではチコリ。白菜の小型版、独特の苦さが特徴です。

ざくざく切って、ビネグレットソース（バルサミコ酢とオリーブオイルは1対1。フレンチマスタードと塩、胡椒適宜が基本）を回しかけます。

丁寧に1枚ずつ剝がせば舟形の器に。果物やチーズをのせて、手づかみでもどうぞ。

アンディーブサラダ

春キャベツのコールスローサラダ

冬キャベツは、横からみると平べったくて中身が白く葉がぎゅっと詰まっていて、煮崩れしにくいので、スープ、ロールキャベツや炒めものなど火を通すメニューに向いていています。

春キャベツは、冬キャベツに比べるとずいぶんまるい形で、中まで黄緑色。ふわっと巻かれたやわらかな葉が生食に最適。

人参のオレンジ色、とうもろこしの黄色に春キャベツの黄緑色が加わって、ビタミンカラーからも元気をいただけるひと品に思えます。

真っ白な蕪《かぶ》と鮮やかな柿色に心躍るサラダです。熟れすぎていない柿を使うと切り口の断面がきれいで、お皿の盛り付けのときもいうことを聞いてくれます。
トッピングの青物はお好みですが、主張し過ぎない蕪の葉や三つ葉などを選びました。
オリーブオイルとひとつまみのお塩をかけるのは、食べる直前がお勧め。シャキ感を味わえます。

蟹と林檎の冬サラダ

「これ、骨がないから食べやすいよね」とは、甲殻類系を食べるときの高倉の呟き。

毎年、北海道から冬の便りとしてお届けいただき、美味しくいただいていたズワイガニ。

ボイル済みなのでそのまま三杯酢でいただいたり、味噌汁の具にしたり、林檎と合わせてサラダの具材にしたのが蟹と林檎の冬サラダです。

野菜は、胡瓜《きゅうり》やセロリ、大根など、冷蔵庫のストックと相談して。

蕪と春菊の胡麻油和え

爽やかな白と、瑞々しい鮮やかな緑。蕪と春菊、シンプルにこの二つの野菜に、胡麻油と軽く塩をして和えるだけ。春菊の香りを楽しめる胡麻油和えです。

春菊の独特の香りは、安眠を促すαピネンと、強い抗菌・殺菌作用がある香り成分ペリルアルデヒド。胃腸の調子を整えるのに効果的とされています。

蕪に含まれる葉酸は、熱に弱いので生食がおすすめ。春菊のβカロテンは、油を一緒に摂ることで身体への吸収率が高められ、このひと品は栄養的にもベストマッチです。

林檎のポテトサラダ

　時折、無性に食べたくなるのがポテトサラダ。

　ひとくちにじゃがいもといっても、世界には２０００種類以上、日本では20種類ほどが流通しているのだそうです。

　定番品種の男爵やメークイン以外にも、キタアカリ、インカのめざめ、レッドムーンなどが身近になりました。レンジでチンに助けられていますが、茹でたり蒸《ふ》かしたり、このひと手間で滑らかさも際立つというもの。胡瓜や玉葱、人参やとうもろこしといった食材に、皮ごとの林檎スライスを加えるとシャキシャキとした食感も味わえます。マヨネーズで和えるまえに、お好みですし酢を加えるとサラッと仕上げることができます。

蒸し長ネギ

長ネギは、香味、薬味として重宝する野菜の筆頭株ですが、鮮度の良い一本をザクザクと切って蒸すだけでも、あるいはひと手間かけて、焼き目をつけてから蒸しても、甘味が引き出せて美味しいひと品になります。炙った胡桃を砕いてトッピング。エクストラバージンオリーブオイルをかけて醤油をひとたらし。醤油の代わりにミネラル塩でも。

肩にかけた買い物袋から、長ネギの青い部分がニョキッと飛び出している光景に、穏やかな日常への感謝が重なるのは、私だけでしょうか。

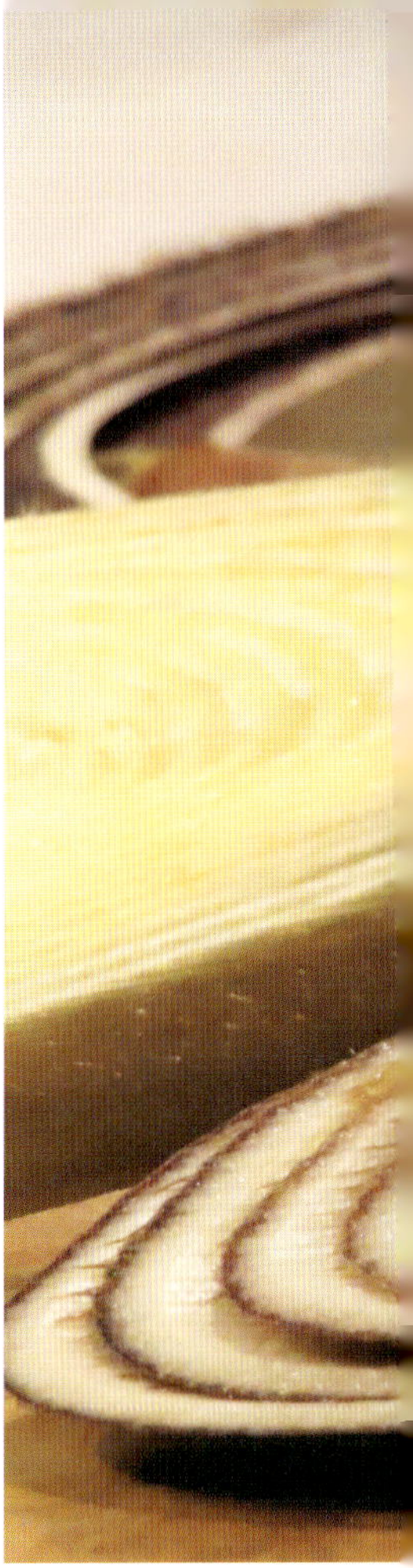

筍炊いたんと若芽

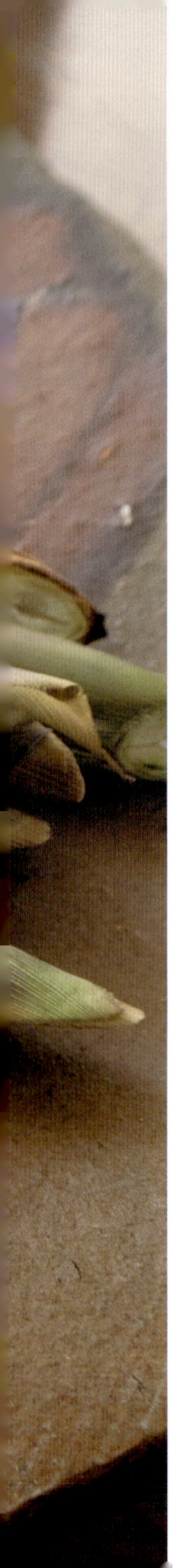

焼筍

ラペは、フランス語で〝おろす〟という意味。

おろし金を使えば仕上がりはふわっと、包丁で細切りするとしっかりした歯ごたえ、それぞれお好きな食感で味わうことができます。

ドレッシングの酢と油は1対3。果実酢とオリーブオイルに、マスタード、蜂蜜、塩を少し加えて混ぜ合わせ、軽く塩をして水気を切った人参、砕いた胡桃、レーズンと軽く和えれば完成です。

キャロットラペ

帰宅後にこんな話があったのは、ホワイトアスパラガスの旬、春時分。

「今日、床屋で（小林）亜星さんから、健さん、今年も時期になりましたよ。美味い店があるんです。ホワイトアスパラガス食いに行きましょうよって誘われたよ」

高倉は、ドラマの仕事でお世話になった作曲家、小林亜星さんと同じ床屋さんに通っていて、顔を合わせるたびに美食家の亜星さんからいろいろなお誘いを受けていたのだとか。

茹でアスパラガス

アスパラガスには、日光を遮って育てるホワイトアスパラガスと、日光に当てて育てたグリーンアスパラガス、最近では、アントシアニン色素が多く、ポリフェノールがグリーンアスパラの10倍含まれている紫アスパラも出てきています。

鮮度が落ちやすい野菜なので、収穫後、みずみずしさが残っているうちに手早く調理すると美味しさのグレードを上げられます。

根元近くの皮をピーラーなどで剝いて、節々のはかまを取るだけ。できるだけ長いまま茹でることで旨味を残せます。グリーンアスパラガスは、疲労回復に効果のあるアミノ酸の一種アスパラギン酸も多く含まれていて、ハウスもの、露地ものが出回る旬の春の時期に味わいたい野菜の一つです。

枝豆の収穫のピークは、7～8月。

高倉は、アルコールを嗜みませんでしたので、ビールに枝豆という定番の風物詩にはなりませんでしたが、旬の時期には食卓の常連でした。

さやの端を5～7㎜ほど切り落として水洗いし、適量の塩をふって手で優しくもみ込んでから茹でます。ざるに上げて冷めないうちに味見をして、必要ならここで追い塩を。

いつもの茹で枝豆をアレンジしたのが、枝豆のコンソメゼリー寄せです。塩を控えめに茹でた枝豆を、さやから取り出してカップに入れ、ゼリー液を流し入れて冷蔵庫で冷やすだけ。この時のゼリー液は、ゼラチンと寒天を合わせることで、仕上がりをツルプリッとした食感にしました。比率はお好みで。仕上げに胡瓜のマイクロキューブ切りと赤・黄・橙《だいだい》の半生パプリカのみじん切りをトッピング。盛り付けは、彩りを楽しめる透明のガラスの器がお薦めです。

枝豆のコンソメゼリー寄せ

茄子の煮浸し

茄子と胡瓜のトマト冷や汁

かぼちゃの冷製ポタージュ

春雨中華サラダ

ほうれん草とベーコン炒め　ポーチドエッグ添え

ほうれん草と卵炒め

いもだんご&ぽっぽやだんご

「もー、寒かった。久しぶりの北海道だったろ。装備はばっちりだったけど、出てるところがね（と鼻や耳をひっぱるように触りながら）。でも、今回は、地元のおばちゃんたちが、毎日熱々の炊き出しで世話してくれてね。いもだんごっていうんだったかな？　これが美味かったんだよ。他にも、料理がたくさん並べられてたけど、僕はいも専門。甘くもなく、しょっぱくもなく……。とにかくじゃがいもなんだよ！（親指と中指で輪をつくり）このくらいの大きさで、厚みはこのくらい（食パンの八つ切りの厚さ）。作れるでしょう？」

と、『鉄道員《ぽっぽや》』（1999年）の北海道（南富良野町幾寅《いくとら》）ロケから帰宅した高倉の第一声でした。

このとき私は、男爵いもを生のまますりおろして、適度に片栗粉を加えて、一口、二口で食べられるほどの平たい丸形に整えて、オリーブオイルでほどよいきつね色に焼き付けました。甘醤油のとろみ餡《あん》をかけて完成。

「ちょっと味は違うような気がするけど、これも美味いよ」と合格点を貰《もら》い、我が家の定番小鉢メニューに加えました。

『鉄道員』は、私が高倉と出逢ってから、初めて撮影された映画でした。同行することのないロケ地の風景に、少しだけ溶けこめた思いがしたものでした。

小田流いもだんご

高倉が亡くなってほどなく、改めてご縁を繋いでくださったのが、幾寅婦人会元会長の佐藤圭子さん。高倉がいもだんごを好きだったことをお伝えし、地元の味を直接教えていただきました。「その家ごとに、作り方は少しずつ変わると思いますけれど」とのことでしたが、ここで使われていたのはメークインでした。

通称メーク。皮を剝いたメークを、4～8等分に切り分けて、少し塩を加えた水から茹でます。茹であげてから潰して、じゃがいもの3分の1ほどを目安に片栗粉を加えて、ぐいぐいと力強く捏ねていきます。全体にまとまり感が出て、滑らかなつや感がでてきたら、直径5～6㎝程度のロール状にまとめて、1.5㎝ほどの厚みに切り分け、バターでこんがり焼き付けておられました。焼く前のロール状にしたものは、ラップをして冷凍保存ができるとのこと。

「健さんにお出しするときは、無塩バターで焼いたんですよ」と、佐藤さん。

幾寅いもだんご

毎年、高倉の命日には、駅舎を訪ねてくださるファンの皆様に、幾寅婦人会の有志の方々が、いもだんごと珈琲を振る舞ってくださっています。

映画公開から25年目。

2024年3月31日、映画では幌舞《ほろまい》駅となっていた幾寅駅が廃駅になりました。

まるで『鉄道員』の物語をなぞるかのような現実です。

映画では、高倉扮する駅長の佐藤乙松に一本の電話が入ります。廃線の期日が予定より早まることを知らせるものでした。乙松が、思い出を次々フラッシュバックさせていると、降り積もる雪にすっぽりと覆われた幌舞駅に、高校の制服姿の少女が訪ねてきます。鉄道クラブに入っているというその少女は、乙松が蒐集《しゅうしゅう》していた鉄道グッズを嬉々として手にしていましたが、ふと遠くを見つめ、幌舞線がなくなるさみしさを乙松に問うのです。

「後悔はしてねえよ。(深い吐息)どうすることもできないだけだ」と、呟いた駅長高倉の声がふと蘇りました。

ぽっぽやだんご

廃駅の報道に触れた私は、この機会に改めて佐藤圭子さんに感謝をお伝えしたいと、教えていただいたいもだんごの進化形を考えました。題して〝ぽっぽやだんご〟。

中くらいのじゃがいも1個が1人分。皮を良く洗い、まるのまま水から茹でます（時短が必要なときは、皮を剥いて4等分ほどに切って電子レンジで）。茹で上がったら、熱いうちに皮を剥いて、ボールの中でマッシャーで潰し滑らかにします。ティースプーン1杯程度の片栗粉を振り入れ、手で全体を混ぜ合わせて一口サイズ、6〜7個ほどに丸めていきます。片栗粉を薄く纏わせて、有塩バターで熱々に。まん丸のいもだんごに、丁寧に焼き色をつけていくひとときが、ほっこりとしたご馳走。

そのままでも、甘醤油のとろみ餡をかけても。

2024年初夏、幾寅で、婦人会の皆様に召し上がっていただいたとき、「あっ、じゃがいもの甘みが残ってる」と喜んでいただけました。

いもだんご、そして、ぽっぽやだんごは、高倉から引き継いだ私の北海道の思い出メニューです。

薄切り牛肉と牛蒡の甘辛炒め

きんぴら牛蒡

隠元の白胡麻和え

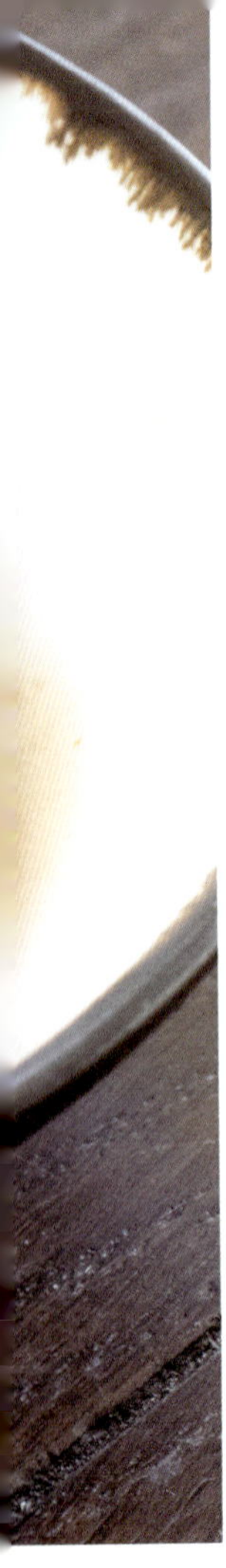

「美味しければどっちでもいいよ」とは、肉じゃがの肉は、牛肉か豚肉か。

じゃがいも、玉葱、人参などの常備野菜で作れる肉じゃがは、小鉢・副菜の定番メニューの一つ。肉じゃがは、その肉選びで出身地がわかるほど、食文化の線引きがはっきりしているメニューだそうで。

大学進学のため、10代後半で九州福岡県を離れている高倉は、

「子どものころ、戦後すぐで食べるものが限られてた。今は、選べるっていうだけで贅沢。食べ残すのはもってのほか」

と、食への感謝を忘れることはありませんでした。

豚肉じゃが

牛肉じゃが

揚げさつまいも　蜂蜜かけ

ねっとり系とホクホク系、どちらも美味しいさつまいも。選ぶときは、毛穴が目立たず、ふっくらとした形を選ぶとよいとか。そして、鮮度をうたう野菜が多い中、さつまいもは、掘りたてより貯蔵熟成させると糖度を増すのだそう。

〝落ち葉で焼きいも〟は身近ではなくなりましたが、おかずとして食卓に乗せるにはと工夫したのが、揚げさつまいもです。

長さ5㎝ほどの輪切りにして、さらに繊維にそって4㎜角に切り揃えます。3㎜角は、細すぎて揚げたあとのホクホク感が味わい難く、5㎜角だと繊細さに欠けました。水に晒しアク抜きをすれば、断面が黒く変色するのを防ぎ、えぐみがとれます。水気をよくふき取って、胡麻油で揚げていきます。低い温度の油に入れて、大きな泡から小さな泡に変わるのを見計らい、取り出して味見。蜂蜜と醬油を少々かければ、ホクホクと甘じょっぱさが癖になる一品が完成です。

いつものお豆腐が大変身。

滑らかな舌触りにこだわって、絹ごし豆腐を使います。一年を通して作れる白和えですが、柿そのものを器として使えるのは、秋から冬にかけての旬の時期だけ。太秋《たいしゅう》や富有《ふゆう》柿の大振りなものを選べば、中身をきれいにくり抜く成功率は高まります。

くり抜いた柿は小振りの乱切りにして、隠元などの具材と一緒に、水気を切って滑らかに整え適量の白だしや醤油、砂糖で味付けしたお豆腐と和えるだけ。三角錐を意識して盛り付け、秋真っ盛りの一品に。

柿の白和え

炙り銀杏

冬の切り干し大根

パーン。パパーン。パンパン！

「いい音だね」

と、高倉。

食卓で聞く音もご馳走になるのは、秋の代表食材銀杏《ぎんなん》です。

銀杏の硬い殻から現れ出ずる翡翠《ひすい》色の実の美しさのためなら、手間を惜しむわけにはいきません。日頃目にしている公孫樹《いちょう》の木の葉が黄色に色づき始めると、わくわくします。

銀杏の殻剥きは様々。封筒に入れてレンジでチンでもできますが、新越ワークスのステンレススチール製、共柄炒り網13㎝を使っています。冷凍ものや缶詰ものもありますが、9月ころから12月くらいまで出回る、生の銀杏の美しさと食感は格別です。

銀杏入り茶碗蒸し

焼き生麩　胡桃味噌田楽

生麩《なまふ》の魅力は、なんといっても、もちもちの食感。小麦粉に含まれるたんぱく質の一つグルテンを餅粉と合わせて蒸したもので、精進料理には欠かせない食材です。よもぎや粟《あわ》を加えた風味の異なる味も楽しめます。

汁ものに加えたり、煮込んだりとさまざまに使い勝手の良い食材ですが、私は専ら焼き田楽派です。胡麻油を薄く引いたフライパンで、生麩を弱火で温めると、焼き色がついてくるのと同時にぷくぷくっと膨らんでいきます。お箸で膨らみを抑えながら、焼き目を全体につけていく調理そのものがとても楽しいです。但し、冷めるとすぐにしぼんでしまうので、熱々をふうふうしながらすぐにいただきます。

このひと品に使った金継《きんつぎ》のお皿は、高倉が使っていたティーカップの受け皿でした。ある日ひびが入ってしまっていたのに気づき、お皿を見つめるうち、高倉が好きだった中国映画『初恋のきた道』（2000年）を思い出しました。いくつにも割れてしまったお碗を、陶器修理職人が直していく印象的な場面を観ていた高倉が、

「日本だって昔は、昔ったってそんな大昔じゃないよ。僕が子どものころのことだから。こんな風に、職人さんが当たり前のように直して、大切に使い続け

てたんだよ。この場面、いいか見ててごらん。修理の仕方をとっても丁寧に映してるだろ。(監督の)チャン・イーモウの人柄っていうか、あったかさだよね」

と話してくれたことがあるからです。

映画では、ヒロインの村一番の美しい娘が、密かに思いを寄せていた小学校の教師が村を離れ町に戻ってしまうことを知り、町と村を繋ぐ一本道を走る馬車を必死に追いかけるシーンがあります。精一杯思いを込めて作ったきのこ餃子を、何としても渡したいと、熱々に蒸した餃子を入れたお碗を抱えて走って、走って、走るのですが、追いつくことができず、足を滑らせてお碗ごと地面に叩きつけられてしまうのです。

家の棚にそっと終い込まれたバラバラに割れたお碗を知った盲目の母親が言う台詞は「このお碗を使った人が娘の心を持っていった」。直すより買った方が安くつくという職人に対して、せめてお碗だけでも残してやりたいと修理を頼む母。人それぞれが抱く、一途な気持ちを丹念に織り込んだ物語です。

そこで、私もこのお皿に再び命を吹き込もうと金継をお願いしました。

柚子大根

揚げ出し豆腐

毎夕食一番手を死守している温奴ですが、流石《さすが》に飽きてきたかしらというとき出番となったのが、揚げ出し豆腐です。

大根おろしをたっぷり、おろし生姜を添えて、水、酒、みりん、昆布、削り節、醤油の温かいお出汁を合わせました。

蒟蒻甘辛煮

さらし玉葱と塩昆布

帆立貝柱と大根のマヨ和え

しらたきの明太子和え

万に一つの体調不良も避けたい高倉は、卵かけご飯の牛卵以外、生のものには火を通すことにしていました。「明太子は炙ってね」という高倉からのリクエストから生まれた、しらたきの明太子和えは、湯がいたしらたきに皮を外した明太子を加えて白胡麻油で炒めるだけ。

明太子ごとに味が違うので、味見をしながら、物足りなければお酒や醤油などの調味料を軽く加えることにしました。火を通した明太子のプチプチとした食感が後を引く、人気メニューでした。

里芋煮

里芋蒸籠蒸し

キャベツのウスターソース炒め

キャベツはざく切りにして、胡麻油の風味を借りて、仕上げはウスターソースのみ。青のりをかければ立派なひと品に。

アボカドは、中央アメリカやメキシコ南部原産で、カリウムや葉酸、ビタミンEが豊富に含まれた栄養価の高い果物。果肉の2割が脂質で、森のバターと言われる所以です。

ティースプーンなどで4分の1程度の果肉を耐熱容器にすくい取り、生ハムやベーコン、メルティングチーズと合わせて焼けば小さなグラタンに。熟れすぎる前のアボカドをスライスしてわさび醬油でいただくと、その食感はまるでトロのお刺身。

魚は苦手という高倉には、重宝な食材でした。

アボカドグラタン

アボカドのお造り

「仕事でイタリアロケに行った時、レストランで〝今日のお薦めは、フンギ。今がとっても美味しい季節です〟って、店の人から言われて。きのこの王様（ポルチーニ茸）を食べたことあるな、貴《たかし》は？」と訊かれ、「私は、トスカーナでマッツァ・ディ・タンブーロっていう、大人の手のひらサイズをシンプルにグリルで食べたことがあります。大きいこと、大きいこと、まさにきのこのステーキでした。香りが良くて、フンギって耳にするとイタリアの良き思い出の一つになっています」と、秋になると、高倉とフンギ談義をした思い出が蘇ります。

松茸などの天然ものは別にして、日本では、通年、種類豊富なきのこが手に入ります。低カロリーで食物繊維が豊富。椎茸、エリンギ、しめじ、マッシュルーム、舞茸などから2～3種類と、大き目にカットしたブロックベーコンを、みじん切りにしたニンニクと一緒に、オリーブオイルで炒めます。フライパンの上で、きのこをさわりすぎず、焼き色を意識して、仕上げに軽く塩をして、彩りにパセリをトッピング。

きのこのガーリック炒め

小松菜としらすと油揚げのポン酢炒め

東京都小松川地区の地名に由来する小松菜は、冬場が旬でビタミン、鉄分、カルシウムが豊富。口に入れた時、ほうれん草のようなキシキシ感がない使い易い緑黄色野菜です。
　ご飯のお供にするときは、小松菜の鮮やかな緑が引き立つように、仕上げは手早く、火を通し過ぎないように。
　しらすと油揚げ、白胡麻はそれぞれ乾煎《からい》りして、小松菜と合わせてポン酢で味付けします。
　鶏レバーは、牛や豚に比べるとしっとりきめ細やかな食感で、目や皮膚の粘膜を健康に保てるビタミンAが最も多く含まれています。血の塊があれば流水で取り除いて、適度な大きさに切

卯の花

鶏レバーの甘辛煮

り揃え、日本酒と水1対1のなかで湯煎したあと、酒、みりん、砂糖、醤油で甘辛く味付けると、ふっくら感が保てます。千切り生姜を添えて、レバー臭を和らげます。

卯の花の由来は、おからが初夏に群れ咲く卯木《うつぎ》の花の色に似ているからとの説。毎朝作る豆乳を搾《しぼ》ったあとにできる自家製おからを、無駄なく使った定番のひと品です。

食物繊維は、牛蒡《ごぼう》の2倍。更年期症状を和らげる大豆イソフラボン、優れた抗酸化作用のある大豆サポニン、動脈硬化予防に効果のあるレシチン、そして、カルシウム。積極的に食卓にのせたい食材の一つです。

卯の花
ひじきの煮物
五目豆

3

主菜

今日の晩御飯　お肉は必ず

週7日のお肉ローテーションは、鶏、鴨、豚、牛、ラム、牛、豚

「今日のご飯は何？」は、高倉がブランチを食べ終えて、家を出るとき口をついて出る言葉。

ブランチを食べたばかりの時には、正直に「まだ、お腹がいっぱいで、夕食のメニューは決めていません。でも、お肉は必ず！」と答えます。

なぜ、肉なのか。

高倉の少年時代の思い出に遡ります。

「子どものころ、なんだかんだと魚料理が出されたんだけど、4人兄妹のなかで、僕が一番匂いに敏感だった。ある時、お母さんに食べたくないって言ったら、鼻つままれてそれでも食べなさいって。食べ終わるまで、席を離れちゃいけないってかなりきつく言われたんで、もうそのときは、お母さんと僕の我慢比べ。また違うときだけど、魚の苦手意識があるからなのか、よく噛もうとしないからなのかわからないけど、一緒に食べてた兄妹のなかで、僕だけ魚の小骨が喉に刺さって、もうこれでもかっていうくらい痛い痛いって大騒ぎして。ご飯を噛まずに丸のみしなさいっていうお母さんに、僕に無理やり食べさせようとするからだって、思いっきり反抗した。

魚の思い出はそんな風だから、仕事して自分の金で食えるようになったら、できたら魚は食わないって決めた。ただし、寿司屋は別。プロが責任もって骨の下処理をしていて、鮮度がいいから決して匂わない。だから、寿司屋の魚だったら生でも食べられる」

家食では魚料理は出さないほうがよいということになり、主菜はお肉中心に組み立てるようになりました。

お肉は、日常、スーパーマーケットで買うことができるもの。週7日、お肉の内訳は、鶏、鴨、豚、牛、ラム、牛、豚など、できるだけ偏らないように、そして、副菜との兼ね合いも考えながら作りました。とはいえ、骨がない帆立などの貝類や、エビやイカ、タコなら大丈夫なのではと思い、火を通して少しずつメニューに加えるようにしていきました。

四季折々の和食

すき焼き鍋をテーブルに出すのではなく、出来立てを器に盛りつけ、おかわり自由の主菜としました。ここでも野菜中心です。副菜とのバランスで、お肉は霜降りのときもあれば、赤身の時もあり。

野菜の蒸籠《せいろ》蒸しは、蒸籠の蓋を取ったとき、ふわっと目の前に広がる湯気そのものがごちそう。キャベツやレタスなどの葉物、食物繊維豊富なきのこ類、かぼちゃや人参、隠元などの緑黄色野菜をバランス良く盛ります。レモン塩や、胡麻ダレ、おろしポン酢などタレを工夫して。

野菜の蒸籠蒸し

独活《うど》

蕨《わらび》

楤《たら》の芽の天ぷら

青屈《あおこごみ》

野菜天ぷら盛合せ

豚汁

カツ卵

うなぎ

高倉は、幼いころ、おできができやすくてお腹が弱い虚弱体質児。小学校二年のとき、肺浸潤に罹《かか》りました。当時は、肺結核の初期の状態をさしたそうで、感染を避けるため、伯母様の家の離れに隔離され、およそ一年の療養生活を送ったことがあるといいます。

その間、お母様は、毎日生きたうなぎを自分で捌《さば》いて、身は蒲焼に、肝と血を葡萄酒に混ぜたものを飲ませ、骨は焼いて煙を吸わせてくれたのだとか。

「お母さんにしてみたら、この子を助けたいって一心だよね。でも、毎日、毎日、うなぎっていうのはね……血の入った葡萄酒飲むのは、本当にきつかった。僕はこの時期に一生分のうなぎを食べきったって思ってる」

ある時、テレビ番組で鰻屋特集をしていて、炭火の上で炙っている蒲焼がクローズアップで映されたとき、

「僕も仕事始めた若い頃からずいぶん鰻屋に誘われたよ。美味しいところがありますから一緒に行きましょうよ、って。僕からしたら、冗談だろって話。もちろん、上手く断ってたけど。子ども時分のことなんか、あんまり話さないし。それにしても、なんであんなに、みんなうなぎが好きなんだろうって思ったね。貴《たかし》はどうなの？」

と訊かれたので、

「私はうなぎは大好きです」

と答えると、

「そうか。じゃあ、食べたくなったら、僕に遠慮なく、食べなさいよ。隣で食べてても文句言わないから。でも、僕はやっぱり遠慮する」

と苦笑いの高倉でした。

牡蠣フライ

洋食あれこれ

「おっ、磯の香りだね」

夕食の準備で、軍手をして殻剥きをしている私に、帰宅した高倉から一声。

真冬になると、真っ先に出番となるのが〝海のミルク〟牡蠣《かき》でした。もちろん、生では出しません。10回に1回くらいの割合で、バターソテーにすることもありましたが、もっぱらフライです。

軍手をして、牡蠣ナイフを使って、身を傷つけないように慎重に殻を開けていきますが、自分もケガのないように、この作業に一番神経をつかいました。ぷくっとした身を殻から丁寧に取り出したら、

イカリング

食塩水に浸けて汚れを洗っていきます。
水気を切ったら、衣の準備。揚げ物のカロリーはやはり気になるので、衣が吸う油分を抑えるため、衣は薄付きを心がけました。溶き卵をくぐらせず、剝き身牡蠣を、溶き粉（薄力粉を水に溶いたもの）に1度だけくぐらせて、パン粉をつけて揚げるだけ。生パン粉にしたり、ドライパン粉や自家製パン粉の場合は、手で揉んで細かくしたり、全体の食事のカロリーバランスを考えながら調整しました。
「サックサクだね」が、合格ラインでした。

牛肉コロッケ

メンチカツ

茶色い料理の代表格といえば、揚げ物。牡蠣フライ、イカリング、コロッケやメンチカツを悪者にしないためには、酸化していない油を使い、揚げたてを程よいボリュームで食べること。

一歩進んで、メンチカツでは、キャベツや玉葱などの野菜を多くして、そこに肉を加える塩梅で肉だねを作り、ぐんと軽めに仕上げました。

ロールキャベツ

牛すじ肉のポトフ

ポトフは、火にかけた鍋の意味。寒くなると、煮込み料理の出番です。牛すじ肉の下茹でには、ワインの代わりに水と日本酒、塩、生姜を皮ごとスライスして使います。浮いてきた灰汁を丁寧にすくい、雑味を除いていきます。茹でこぼしたすじ肉をお好みの大きさに切り、深めのお鍋にオリーブオイルを引いて、にんにく、生姜、すじ肉を炒め、ひたひたの水を加えて肉が柔らかくなるまで煮込みます。野菜とブロックベーコンを加えてさらに煮込んで、味見をしながら、ブイヨンや塩、胡椒で味を調えます。

野菜の出汁の贈り物、ポトフの完成です。

クリームシチューの具材は、玉葱、じゃがいも、人参など冷蔵庫の常備菜。しかも、市販のルーに頼らなくても、ブールマニエ（＝とろみを付けるもの）を作れば解決。有塩バターと薄力粉、同量を準備。常温に戻したバターをボールに入れて柔らかくし、薄力粉を加えてなめらかにしたものを、お鍋で温めながら、適量の牛乳を何度かに分けて混ぜ合わせます。鶏肉を入れるときには、大きめに切った肉に薄力粉を軽くまぶしてから火を通すと、とろみの調整に役立ちます。味付けは、コンソメ、塩、胡椒。

肌寒くなる季節、お鍋に入ったシチューを木べらでかき混ぜていると、ささくれだっていた心がいつしかまるまっていることに気づきませんか？

クリームシチュー

ハンバーグ　デミグラスソース

ハンバーグ　おろしポン酢

みんな大好き、ハンバーグ。

「大きめを一つか、小さめを二つ、どちらが満足感がありますか」

と高倉に訊ねると、

「小さめ二個で、味違いがいいな」

との答え。

そこで作ったのが、一つは洋風デミグラスソースかけ、もう一つは、和風大根おろしポン酢添えです。

デミグラスは、煮詰めた濃厚ソースですが、ハンバーグを焼いたあとに出る油を混ぜると、まろやかソースに仕上げられるように思います。

基本の材料は、牛の肉や骨、野菜、ホールトマト、小麦粉、バター、赤ワイン。バターで小麦粉を色づくまで炒めて、肉の骨や野菜類を入れて煮込んだ出汁を入れ、半量に煮詰めて赤ワインで風味をつけるというものですが、自宅にあるトマトピューレ、コンソメ、バルサミコ酢または、醬油、ウスターソース、赤ワイン少量で代用できます。付け合わせは、デミグラスソースものには季節の柑橘類などを、和風ものは野菜中心に。

ラムチョップ バルサミコ酢ソース

豚肉の生姜焼き

ポークソテー

手羽先グリル

スペアリブ　オレンジママレードソース

スペアリブはフライパンを中火くらいで熱していき、手をかざして熱さを感じたら、オイルは引かず、そのままお肉を置いていきます。フライパンに触れた肉から、ジューッという音が聞こえたら適温。骨に近い面以外の、三方向にまず焼き色をつけていき、溶け出た油はふき取ります。水を加え、つぶしたにんにくをひとかけ加えて煮立たせて、赤ワイン、醤油かバルサミコ酢、ママレードを加えて、汁気がなくなるまで煮込みます。ママレードは甘すぎないものがお勧めです。

合鴨の胸肉は、焼く前に余分な皮、薄皮、筋や脂を丁寧にそぎ落としていきます。この下処理はお肉が冷たいうちがおすすめ。さらに、焼いたとき脂が出やすいように、皮目に格子状に切り込みを入れます。皮は厚めですが、油断していると身まで切り込んでしまうので慎重に。常温に戻してから軽く塩をして、オイルは引かずに皮目から中弱火で焼いていきます。

皮から滲み出てきた油を身に回しかけるアロゼをして、皮目に程よく焼き目がついた頃合いを見計らい、ひっくりかえして身側からも火を通します。身を焦がさぬよう適度に火を通したら、ホイルに包んで5分以上保温。ソースは蜂蜜、柑橘類を搾ったジュース、バルサミコ酢、バターを加えて味を調えながら煮詰めていきます。鴨肉は食べやすい一口大に斜め切り、せとか（お好きな柑橘類）と交互に並べ、ソースをかけていただきます。お好みで粗びき胡椒を。

鴨ソテー&せとか　オレンジソースかけ

チリコンカン&トルティーヤチップス

「おいしいチリコンカン作ってほしいな」

と突然のリクエスト。

メキシコ料理かと思っていたら、テキサス州独自のアメリカ料理でした。作り慣れていないので、ストック材料がなく、レッドキドニービーンズ（赤いんげん豆）を買ってくるところからスタートしました。

牛ひき肉と玉葱、トマト、チリパウダーと豆の煮込みで、このとき欠かせないのはチリパウダー。唐辛子、オレガノ、クミン、ガーリックがブレンドされたミックススパイスです。にんにくと生姜のみじん切りをオリーブオイルで香りを引き出しながら炒め、玉葱の粗みじんを加えてしんなりさせ、牛肉を加え、火が通り肉がポロポロしてきたら、塩、胡椒、クミン、チリパウダー、トマトペースト、リーペリンソースを加えてさらに炒め、豆、水、ローリエを加えて煮詰めます。味見をして、塩、胡椒で調えます。

軽く炙ったバゲットや、トルティーヤチップス（すり潰したとうもろこしの粉で作る薄焼きパン）を添えて。

親しい北海道札幌のすし善の大将、嶋宮勤さんから、毎年お届けいただいていた身厚で美しい金目鯛の一夜干しは、そのまま干物としていただくのがまっとうに美味しいと思うのですが、

「身がきれいだね。これ、アレンジしてくれたら食べられるかもね」

と高倉。

魚が苦手なのは承知しているので、これはうれしいリクエストでした。ガーリックパウダーをかけてオリーブオイルとバターで洋風に変身です。さらに、ガーリックチップスをこれでもかと盛って、トマトの粗みじん、クレソンなどの葉物を添えました。骨が太めでしっかりしているので、身離れがいいのが助かりました。

「これなら最後まで美味しく食べられるぞ」と言ってくれた一品です。

金目鯛のひらき　ガーリックソテー

秋刀魚

食べ残すことがないように、全体のボリュームを調整しながらお料理を出しましたが、献立には、お刺身なし、焼き魚なし、煮魚もなし。

一度だけ皿に残されたことがあった秋刀魚《さんま》の思い出。


高倉の好みを確かめながら献立を工夫できるようになった私は、まさに旬の時期、魚屋さんでキラキラ光る秋刀魚を見かけ、何とか焼き秋刀魚を食べてもらえないかと、少し無謀な試みをしたことがありました。

「そろそろ秋刀魚が美味しい季節ですね」

と話しかけてみたのです。すると、

「僕は遠慮しとくよ」

「骨、取りますから、食べてみませんか？」

と直球で勝負。

「いや、いいよ……」

「一度でいいですから、食べてみませんか？　試しに、どうでしょうか」

返事を待っている私に、

「……まあ、そこまで言うなら食べてみてもいいよ」

チャンス到来でした。

とはいえ、直前になって、「やっぱりいらない」と言われることも想定し、主菜のお肉の分量を増やせるようにバックアップ態勢を整えておきました。

秋刀魚ミッション当日、できるだけ煙を控えめに焼くため、フライパンを用意していると、

「よく焼きだよ。わかった？」

やはり不安がぬぐえない様子で、すかさず念押しが入りました。

焼き上がった鮮度のよい秋刀魚の皮は、コートを脱ぐようにするっと剝けましたが、左右に開いた身を崩さないように骨をはずそうとすると、小骨の多さに途中で泣きそうになりました。それでも、なんとか温かいうちに、骨なし秋刀魚を、大根おろしとカボスを添えてお皿に盛りつけることができました。

高倉は、じっとお皿を見つめたあと、覚悟を決めたように一箸目を口に運んでくれました。隣で私が食い入るように見つめている気配を察して、

「こっちを見てないで、自分のを食べなさいよ」

と笑います。場がほぐれたところで、私も食べ始めました。

高倉に出したお皿の秋刀魚はどんどん減っていって一安心したものの、急に、

「はいっ！　ごちそうさま……カボスと大根おろしは美味しかったよ」

とお皿を指さすのです。

そこには、小骨が数本刺さった秋刀魚が本当に一口だけ残されていました。

年々、水揚げの落ち込みが懸念されていて、以前より細身で高値なのに驚かされますが、今でも秋刀魚を見かけると、この日の出来事を思い出します。

焼き秋刀魚

牛肉の赤ワイン煮

牛肉フィレステーキ

ローストビーフ　赤ワインソース

牛肉と彩り野菜の炒め

牛カルビをそのまま焼くだけではなく、アレンジできないかと思って作ったのが、わが家では「森の仲間たち」と呼んでいた炒め物でした。

ポイントは、半生タイプのドライイチジクを使うところ。他の材料と別に、弱火で乾煎りしてトロッふわ感を出しておきます。

牛カルビ肉には、焼く前に片栗粉を軽くまぶしておき、中火程度に温めたフライパンに少しオリーブオイルを引いて、肉を両面焼いて一旦取り出し、次に小ぶりの乱切りにした赤パプリカ、ピーマン、人参、エリンギ、マッシュルーム、そしてカシューナッツを軽く炒めてから、フライパンに肉を戻します。

水、すし酢、醤油、きび砂糖、コチュジャン少々、鶏がらスープの素、ガーリックパウダーを合わせた調味液をフライパンに回しかけて、肉にまとわせていた片栗粉でとろみを引き出したら完成です。肉は、くれぐれも焼き過ぎないように。

彩りイタリアン

高倉が、コマーシャルの仕事でイタリアに赴き、無事に撮影を終え帰国するとき、段ボール箱いっぱいに別送していた荷物の中身は、なんとモデナ産25年熟成のバルサミコ酢でした。

アチェート（酢）・バルサミコ（芳香がある）は、イタリアの北部モデナ地方で、葡萄の濃縮果汁を原料として、11世紀から伝統的な長期樽熟成技法で作られています。とくに、熟成12年、25年ものは、トラディツィオナーレとされる貴重なもの。

「現地のコーディネーターに強く勧められてね」

この時以来、バルサミコ酢は、お料理に欠かせないものとなりました。

彩り野菜のバーニャカウダ

焼きパプリカ

赤、黄、橙。3色のパプリカを、まるのまま皮ごと直火で炙ることで、甘味を引き出せます。

氷水のなかで真っ黒に焦げた皮を丁寧に剝いて、水気を切ってから二つに割って種を取り出します。お好きなサイズに切って盛り付け。オリーブオイルとバルサミコ酢をまわしかければ完成です。

モッツァレラチーズと甘平

フルーツトマトのカプレーゼ

カラフルミニトマトのカプレーゼ

高倉が大好きだった生ハム。ハモン・セラーノは、スペイン産。塩漬けにした豚肉を、長期間気温の低い乾いた場所に吊るして乾燥させたもの。イタリア・パルマ産は、プロシュート・ディ・パルマと呼ばれています。旬の生イチジクやマスカットなどの果物と合わせると、甘味と塩気がクセになる美味しさです。

生イチジクとマスカルポーネ　ハモン・セラーノ包み

茹でアスパラガス＆
パルミジャーノ・レッジャーノ

ベーコン＆ポテトのガーリック炒め

椎茸のオリーブオイルグリル

タコとセロリのバジルソース和え

パプリカやズッキーニ、玉葱、セロリなど夏野菜を使って作るカポナータは、イタリア・シチリア島発祥の煮込み料理。

熱したフライパンに、オリーブオイルと潰したニンニクひとかけを入れ、香りを引き出したあと、そのほかの野菜を炒め塩胡椒。煮込むときに生トマトを加えれば旨みが増します。白ワインビネガーときび砂糖などで味付けして、甘酸っぱく仕上げるのが特徴です。材料を丁寧に切りそろえると、仕上がりが一段と引き立ちます。

見た目が似ているのが、南フランス料理のラタトゥイユで、材料は同じく夏野菜。違いは、オリーブオイルで炒めたあと、味付けが塩胡椒のみ。

カポナータとラタトゥイユ、どちらもそのまま食べても、肉料理の付け合わせとしても、バゲットに乗せて食べたり、パスタに合わせたりとさまざまにアレンジができます。

カポナータ

紫キャベツ包み 野菜のコンソメゼリー寄せ

緑色のキャベツも美しいですが、紫キャベツ（＝赤キャベツ）で包みこんだ野菜のゼリー寄せは、さらにインパクト大。

しかも、ポリフェノールの一種、抗酸化物質アントシアニンが豊富で、一般的な緑色のキャベツに比べると、ビタミンCも食物繊維も多く含まれています。

ゼリー寄せの中身は、冷蔵庫と相談。それぞれの野菜を個別に茹でるひと手間で、食べたときの味の個性を引き出せます。茹で加減はお好みで。

パウンド型の四隅に気遣いながら、アルミホイルを敷き込んで準備完了。あとは、切り口の彩りを想像しながら茹でた野菜を敷きつめて、野菜どうしの隙間を埋めるように、コンソメで味付けしたゼラチン液をゆっくりと流し入れます。アルミホイルで蓋をするように包み、冷蔵庫で30分以上、冷やし固めます。

型から取り出して、アルミホイルに圧をかけ過ぎないよう注意して切り分け、お皿にセッティングしてからアルミホイルを外して完成です。

ライスコロッケ

イタリアンでまとめようとした日、「ご飯もちょっと食べたいな」というリクエストにこたえたのが、ライスコロッケ。
みじん切りの玉葱とご飯をトマト味に仕上げて、手で揉んで細かく潰したパン粉に粉チーズを加え、衣は薄つきに。中身は火が通っているので、きれいなきつね色に揚げるだけ。
一口サイズが理想ですが、ピンポン球くらいになってしまうと、「熱々で美味しいけど、ちょっと大きいな」と。

1週間に1度はリクエストのあるロングパスタは、いろいろ食べ比べてもらったところ、

「この太さ、食べやすいね」

という高倉の合格点をもらい、1・4㎜のフェデリーニになりました。

「赤い色は元気を貰《もら》えるよね」

トマトパスタを食べるときの高倉の口癖。

自家製のトマトソースと細かく刻んだフレッシュフルーツトマトをトッピング、ダブル効果の元気パスタ。

1970年の台風で、海水が畑に流れ込んでしまった水害をきっかけに、高知で生まれたフルーツトマトは日本発祥。小ぶりながら、糖度が高く、リコピンやビタミンCなど栄養素も豊富です。

刻みにんにくをオリーブオイルで炒め、ベーコンと玉葱を加えてベースのトマトソースを準備。ソースにパスタの茹で汁を大さじ1～2杯加えて、パスタと絡めやすくしておきます。お好みの塩梅で塩を加え、パスタと刻んだフルーツトマトを手早く絡めるのがポイント。

フレッシュトマトのアマトリチャーナ

通称ペペロンチーノは、にんにくと鷹の爪で仕上げるシンプルなパスタゆえに、手早さが大事。

香りを楽しんで、疲労回復に効果的な食材にんにくがポイント。パスタと絡めて食べやすいように、粗みじんに切りました。パスタを茹でている間に、フライパンにオリーブオイルを引いて、弱火で火を通していき、チリチリと音がしてきたら、鷹の爪を加えます。鷹の爪は、ヘタを切り落として種を取り、切らずに丸ごとなら辛味控えめ風味付け程度、輪切りにして炒めるとしっかりとした辛味を引き出すことができるので、その日の気分で辛さは調節しました。にんにく、鷹の爪は、焦がさないように火加減に注意。

パスタが茹で上がったら、にんにくと鷹の爪と合わせ、大さじ1、2杯くらいの茹で汁を加えてオリーブオイルと乳化させ、全体をなじませます。味見をして、必要ならミネラル塩で追い塩を。

温めていた皿の中心に、トングなどで捻りながら山型に立体的に盛りつけて、お好みでオリーブオイルをひと回しかけて完成です。

アーリオ・オーリオ・エ・ペペロンチーノ

ナポリタン

ジェノヴェーゼパスタ

ホタルイカのパスタ

石垣島の平実檸檬

高倉が、旅先で真っ先に訊ねるのは、
「どこか美味しい珈琲を飲ませてくれる喫茶店はありませんか」

沖縄県石垣島では、紹介された喫茶店に向かって島の北部に車を走らせるも、店はあいにく閉まっていて、帰りしな偶然出会ったのが、大声援のなかで運動会が開かれていた富野小中学校でした。思わず車から降りて、生徒十数名、大人たちも一緒になって、藁をよじって、より長い縄をつくれるかを競う、ナワナエ競技に夢中になって声援を送ったそう。

心豊かな旅になったことへの恩返しに、帰宅後、富野小中学校の子どもたちに愛用の双眼鏡を贈らせていただきました。
「星が降ってきそうっていうでしょ。石垣島の夜空は、まさにそれ。子どもたちに使ってもらえれば嬉しいと思って」

後日、「子どもたちは、とても喜んでいます」という、校長先生のお便りとともに、生徒会長さんからは「双眼鏡をありがとうございました。校庭に植えられている平実《ひらみ》檸檬《レモン》（シークヮーサー）を、僕たち生徒みんなで穫りました。搾って飲んでみてください」という添状と、直径4㎝ほどの緑色の実がたくさん入った箱が届きました。

「参ったなぁ……。なんか、気持ちのゆとりが違うね。双眼鏡なんか贈らなくたって、彼らは、もう十二分に豊かだね。早速、飲んでみようか」と、子どもたちからの温かい思いを胸に、高倉はとびきりの笑顔でインスタントカメラに収まりました。

家中華

東映時代の高倉は、年間10作品程度の撮影が続いていたため、気分を切り替えるのに欠かせなかったのが、海外への脱出だったとか。持ち歩いているバッグにいつも入れていた飛行機のオープンチケットを使って、撮影が一区切りするたび、その時の気分で旅先を選んでいたそうです。ハワイなら、こんがりと肌を焼いて、LAまで足を延ばした時は、学生に交じって映画館で新作映画を観て、ショッピングを楽しんでいました。

旅先の中でも、香港には特別な思い入れがあったようです。

「ある時期、毎週のように行って、顔なじみになったテーラーでマオカラーの服をたくさん仕立てて、ストレス発散してた。何よりアジア圏だから目立たなくてよかったんだよ」

高倉は、映画での共演がきっかけで28歳の時、歌手で俳優でもあった江利チエミさんと結婚しましたが、それから11年後、失火が原因で自宅が全焼。翌年、離婚。互いに有名人だった二人への注目度は高く、疲れきってしまった時、高倉が考えたのが海外への完全移住だったそうです。候補先は2カ所。風の気持ち良さをとればハワイ・オアフ島。そして、食を優先させれば香港というほど、高倉は中華料理に安心感を得ていたといいます。私が最初に高倉と出逢ったのも、香港の有名ホテルにあった中華レストランでした。

春巻き

さて、中華通の高倉に何を作ればよいか……。

中国東部、魚介類が多く味付けは淡泊な上海料理、飲茶《ヤムチヤ》で知られている広東料理、中国北部、北京料理は、家庭料理と宮廷料理の華やかな料理で、油を使った炒め物や揚げ物が多く味付けは濃厚。内陸部の四川料理は、麻婆豆腐や海老のチリソースなど香辛料が多く辛さが特徴。本格的な料理は今まで通り、レストランで味わってもらえばいいとして、行き着いた先は、カロリーを抑えめにした家中華。揚げ物には鮮度のよい油を使い、食べ過ぎないよう、量も控えめに。一番に心掛けたのは彩りでした。

チンジャオロース
青椒肉絲

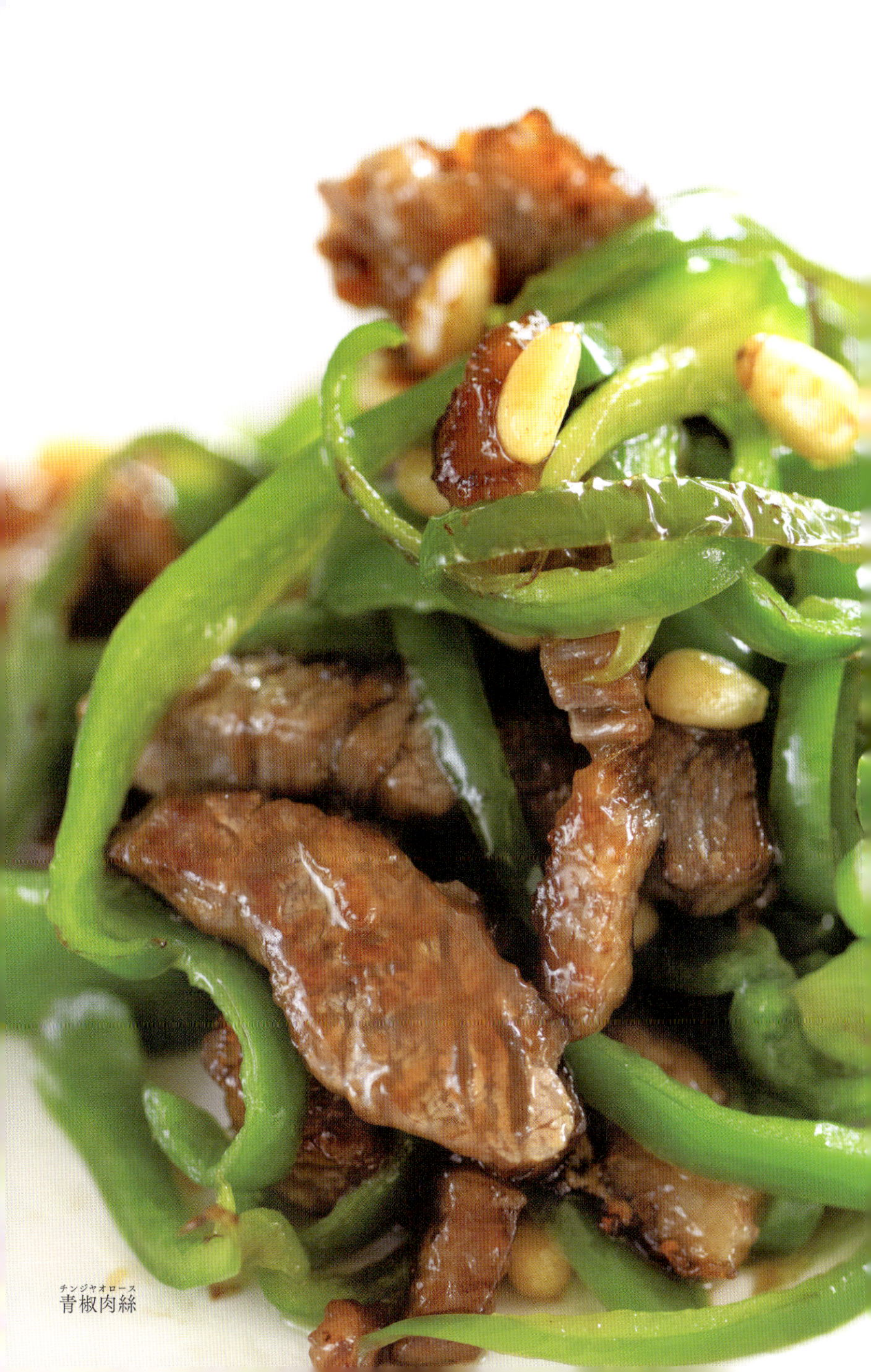

八宝菜

レバニラ炒め

幸いなことに、高倉はレバーが苦手ではなかったので、エネルギーチャージが必要と思われる時に登場させていたのが、レバニラ炒め。

レバーは牛乳に浸して臭みを抜き、片栗粉を薄付けして、胡麻油で焼きつけます。一旦フライパンから退場させ、そのままみじん切りのにんにくと生姜を入れ、香りを引き出したあと、もやしを加えてさっと火を通します。レバーを戻して、予め合わせておいた調味液（水、日本酒、醬油、きび砂糖、オイスターソース、鶏がらスープの素）をフライパンの鍋肌から回し入れ最後にニラを加え、手早く混ぜて出来上がり。

野菜のシャキッと感を大切に。

海老のチリソース

海老のチリソースは、大振りのブラックタイガーを使って、一皿2、3尾を盛りつけました。

解凍した海老を塩水で洗い、食べやすさを優先して殻と尾を外しました。背に切れ込みを入れ、背ワタを取り除いて水気を切ります。ボールに移して、適量の日本酒、胡麻油に軽く胡椒を振って、やさしく揉み込み下味を整えます。胡麻油を引いて中火程度の熱したフライパンで、下味のついた海老に片栗粉をまとわせて焼いていきます。片栗粉がカリッとしてきたら一旦引き上げて、にんにくと生姜のみじん切りを入れ、玉葱の粗みじんを加えて透明になるまで炒め、水、鶏がらスープの素、日本酒、豆板醤、オイスターソースを合わせた調味液を加えてひと煮立ち。戻し入れた海老の片栗粉が調味液となじんで、全体にとろみが出てくれば完成です。

海老のぷりぷり感を味わうために、火の通り過ぎに気をつけます。

青菜花《チンツァイファー》と鶏ひき肉と筍炒め

麻婆豆腐

豆腐は、絹ごしを使います。ひき肉ではなく、豚バラ肉の薄切りを使うことで肉から出る油と調味料、まろやか辛味スープ仕立てにしました。長ネギを多めに、薄切り椎茸を加えます。

しめは麻婆豆腐丼にして。

腰果鶏丁《ヨークーチーテン》

レタス炒め

もやしザーサイ炒め

焼き餃子

花巻き

卵炒飯

高倉の大学時代の焼き飯エピソード。

「金がなかったけど、腹は減る。寮の隣部屋の学生に実家から米が送られてきたとわかったら、こっそりもらって焼き飯を作った。その時使った油は整髪料のポマードだったから、不思議な風味だったね。今じゃ食べられたもんじゃないと思うけど」

と笑っていました。良い子は真似しないでね！

麻婆春雨

4

しめの一品

いま、何膳目？

しめのご飯は何にしましょうか

「もし明日死ぬってわかったら、最後に食べるご飯は……家で、卵かけご飯が食べたいな」

かつて、久米宏さんがメインキャスターを務めていらした報道番組『ニュースステーション』の対談企画、〝最後の晩餐～明日あなたが死ぬとわかったら、最後の晩餐は誰と、どこで、何を食べたいですか〟を見ていた時のことでした。

夕食は、ひと品ごと、お膳に出すようにしていました。

「家で食べるときは、急《せ》かされたくないし、自分のペースで好きに食べたい。入手困難とか、珍しいとか言われているものを、何が何でも食べたいとかも思

卵かけご飯

卵かけご飯

わない。これあったかかったらどんなに美味いだろうなあなんて思いながら、ロケ先で弁当を食べていたこと思い出すとね、飯があったかいっていうだけでありがたい」

そんな高倉の思いを汲《く》み、家では温かいものを温かいうちに食べてもらえるよう、下準備をすませておいて、その都度仕上げてお膳に出しました。

温奴から始まり、小鉢の副菜が2品から3品、主菜、そしてしめのご飯もの。主菜を食べ終えるあたりで、通常の白米、パスタ、炒飯など、高倉が食べたいものを訊いてから調理しました。

しめのひと品、一番人気は炊き立ての白米。そして、あまり生ものを口にしない高倉が、これだけは生で食べたいというのが、卵かけご飯でしたので、鮮度の良い卵を常備していました。

お茶碗にふんわり盛った白米の中央を、菜箸などで少しくぼませて、ぷりぷりの黄身をそっとおいてお膳に出しました。卵かけご飯専用の醬油を、高倉のそのときの気分でかけてもらいました。

お茶碗でのご飯の基本は、2膳。

「これ、1膳目だよね。じゃあ、もう1膳」が、食事の満足度をあげる一言でした。

卵かけご飯

まぜまぜ卵かけご飯

メレンゲの卵かけご飯

じゃこご飯

かき揚げ丼

「早く座って、一緒に食べようよ。揚げたてを僕だけ食べるのは、気が引けるな」と、高倉から声をかけてもらえたのが天ぷらでした。材料のほとんどは野菜です。たっぷりの大根おろしとおろし生姜を添えた天つゆと、炒《い》り塩を用意しました。揚げたてのサクッとした食感を楽しんでほしかったので、私が一緒に席につけるのは、毎回、最後に揚げる小海老を混ぜたかき揚げ丼でした。

筍ご飯

春を告げる筍《たけのこ》。とはいえ、過ぎたるは……なので、一度の食事で筍づくしにしないように気をつけました。

どっしりと重量感ある孟宗竹《もうそうちく》のあく抜きをしながら、煮物の他に何がいいかメニューを考えました。メンマは、麻竹《まちく》という種類が主に使われているようですが、少し辛味を強くして作った自家製メンマは、箸休めに最適でした。

豚バラ梅ポン炒飯

バターの香り豊かにつくるピラフの出番もありましたが、梅干しとポン酢味の和風炒飯も好評でした。

ポイントは、梅干しの塩加減。

「この甘酸っぱさが、合うんだね」

高倉の好みは果肉も柔らかい、紀州南高梅。種を取り出して、果肉を包丁で叩いてペースト状にしておきます。油を引かず、豚バラ肉を炒め、じわーっと出てきた油を使って、長ネギと梅干しペースト、冷やご飯を加え温めてからポン酢で味を調えます。ぱらっとできた炒飯の天盛りには、白胡麻と分葱《わけぎ》をたっぷりと。

熱くしたフライパンで肉を焼いて、滲み出てきた油で野菜を炒めます。その間に、冷蔵庫から焼きそばの袋麺を取り出し、袋の端を切って電子レンジで1分から1分半程度温めます。このひと手間で、麺が格段にほぐしやすくなります。野菜に火が通り過ぎないように注意して、肉と野菜は一旦ボールに上げ、残りの油の量に応じて、香りの少ないグレープシードオイルなどを足して、麺をほぐしながら炒めます。この時のかくし味に振りかけるのは、ポン酢。麺がほぐれたら肉と野菜を戻し入れて、ウスターソースと焼きそばソースの順で仕上げの味付けを。

箸置き

食卓には、季節の変化や献立に応じて、風情を添えられる箸置きを欠かさず用意しました。お箸の国に住む者の、食文化の一つに思えるのです。元日にお披露目するため、年末になると新年の干支を模《かたど》った箸置きを選びに行きました。そのほかに、少しずつ買い揃えていった箸置きは、華やかなものシックなもの、素材もさまざまですが、小さいながら食卓を彩る存在感は確かなものに思えます。

高倉は、料理の感想だけでなく、箸置きにも必ず目を留めてくれました。

「これ、安定感がいいね」

と、長方形の焼き物のタイプが好みでした。

経年で、塗りが傷んでしまったものも少なくありませんが、高倉の声を一緒に聞いてくれていた愛着から、終い込まず使い続けています。

ポークカレーライス

「ロケ先で食べるのは、やっぱりカレーが一番多かったかな。完全に火が通っていて煮込んであるし、何てったって外れが少ない。これ美味いよ。週一回は、このカレーがいいな」

高倉が大好きだったわが家のカレーライスは、市販のカレールーを組み合わせてやや辛口に仕上げました。オイルは、匂いが少ないグレープシードオイルを少々、にんにくと生姜で香りを引き立たせてから、肉そして、野菜を炒めます。肉から出る油もご馳走です。その油で野菜を炒め、その時の気分でクミン、コリアンダー、シナモン、ナツメグ、オールスパイスなどの香辛料も加えることがありました。カレールーを加えて煮込んでから、仕上げの隠し味に穀物酢とケチャップを少量ずつ。

肉は豚肉、牛肉、鶏肉、時には魚介類など変化を持たせ、自家製ナンを焼いて添えることもありました。

「ピザの焼き窯があったら、このナン、もっと美味しくなるかな。キッチン、改造したくなるね」

ビーフカレーとナン

ドライカレー

「子どものころ、正装して、お母さんにデパートの屋上にあるレストランに連れて行ってもらった。その時に食べさせてもらったのが、チキンライス。ケチャップご飯って、こんな美味いものがあるのかって。オムライスは、卵でくるまれてて福神漬けが添えてあって。平和っていうか、楽しかった思い出だね」

2014年春、悪性リンパ腫の治療で入院しているとき、治療の初期段階で効果が表れて、減退していた食欲が戻ってきた時期がありました。病院食を止め、好みの食事をしても良いというご判断をいただいたとき、真っ先に食べてもらおうと思った一つが、このオムライスでした。治療の副作用で味覚に違和感が出てきたことと、唾液の分泌量が減ってしまい、パンなどが飲み込みにくくなったと高倉か

オムライス

ら聞いていて、喉越しのよいものをと考えたからでした。
病室に設《しつら》えてある小さな台所に、電磁調理器や、鍋やフライパンを運び入れて、戻ってきていた食欲を取り逃がさないように必死でした。慣れない台所、限られた調味料、できるだけ薄味に、とにかく手早く、一口でも、二口でも口に運んでもらえないか。それればかりを考えながら「美味しいね」という一言が、明日への心の支えとなりました。

マカロニグラタン

5

正月料理

華やぐ新しい年の始まりに

〈お節八角盆〉

竹輪と隠元の松飾り
タコとセロリのバジルソース和え
茹で海老　スモークサーモン
紅蒲鉾と小伊達巻き
胡桃の飴炊き　黒豆
塩豚　帆立バタポン

「あけましておめでとうございます。本年もどうぞよろしくお願いいたします」

いつもと違う、少しあらたまった新年のご挨拶で元日が始まりました。

年に一度、お正月のときに使う朱塗りの八角膳をセッティングすると、気分も華やいできます。そこに、高倉が親しくさせていただいていたレストランからお届けいただいたお節を、

「これがいいかな」と、その場で高倉に選んでもらい、少しずつ小皿に盛りつけました。

お届けいただくお節は日持ちさせるため、味付けは濃くなりがちですから、二日目、三日目には、蒸し野菜を多めに加えて、日常食とのバランスをとりました。

常備している胡桃を正月用に少し着飾る胡桃の飴炊きは、カリッとした歯ごたえが後を引きます。剝き身の胡桃を二度茹でこぼして灰汁をとり、胡桃の水気で砂糖を絡めていきます。低めの温度の油のなかでゆっくり踊らせるように揚げていると、うっすら色づくのが、上げどきのサイン。苦味が出ないよう、揚げ過ぎには注意です。

伊達巻きは、甘味を抑えた小伊達巻きに仕上げました。

全卵とはんぺん、適量のみりんと出汁をフードプロセッサーで混ぜて、両面を焼いて簀巻き状に。簀巻きで丸めるとき、割り箸を数本置くといびつな凹みができて、手作り感満載。濃い味が多くなるお正月料理のなかでの工夫の一品です。

紅白丸餅雑煮

「子どものころ、正月三が日、鶏とか、魚とかって具材を変えてくれてたんだよ」

懐かし気に話す高倉に、

「今日は、お餅何個にしましょうか」

と訊ねるのが恒例でした。

お雑煮は、全国各地、さまざまな味付けがあって、お餅の形にも違いがあるようですが、わが家では、かつお、昆布、干し椎茸から出汁をとって、お醬油風味のすまし汁で仕上げました。お餅の形は、丸餅、角餅どちらも使いました し、香ばしく焼き餅にして盛り付けることもあれば、ゆで餅のときもありその時々で作り分けました。

紅白の丸餅が、高倉と一緒にいただいた最後の正月の思い出です。

正月膳

いくらおろし大根

蒲鉾薄造り　梅しそ風味

棒棒鶏《バンバンジー》と金柑甘露煮

巣ごもりスモークサーモン

手綱蒟蒻《たづなこんにやく》

タコのミモザ和

筑前煮

6

ドリンク＆スイーツ

心静かな時の流れ

「あっ、雪……」

夕食の片づけが一段落して窓の外に目をやると、ふわふわと舞い降りてきた白いものが見えました。

しばらく一緒に見ていた高倉が、

「……ココアが飲みたいな」と。

「カップはどれにしましょうか」

と陶器のカップ類を並べてある食器棚の前で訊ねると、

「やっぱり、これがいい」

とココアを飲むときに選ぶのは、決まっておんどり柄のカップとソーサーでした。

1851年創業のイギリスの陶器ブランド、バーレイ製。

イギリス産の原料をつかい、手彫りの銅板とインクを使って版画のように絵付けする。全工程、手作りにこだわっているブランド。

ココアの手作り感と、カップの相性がぴったりでした。
バンホーテン・ピュア・ココアと小ぶりの片手鍋を用意。お鍋に好みの分量のココアパウダーと砂糖などの甘味を加え、まず少量の牛乳でペースト状に練り、お鍋を中弱火にかけて、牛乳は何度かに分けて混ぜ合わせます。沸騰直前に鍋の縁に現れるプチプチとした小さな泡が、火からおろすサイン。
ココアを注いだカップから、ゆらゆら湯気が立ち昇る穏やかなひととき。
「寒いのも、悪くないね。じゃあ、映画観ようか」

アルコールを飲まない高倉の夕食後の定番は、珈琲とスイーツ。

和菓子と合わせるのは、お抹茶やお煎茶。

四季折々、心ときめくお茶の時間。

家で作る甘味は、甘すぎない小ぶりサイズを心掛けました。


「僕だってこれくらいはできるよ」と高倉が気まぐれに年に一度くらい珈琲を淹れてくれることがありました。

豆を計量スプーンで正確に計ってグラインダーで挽いて、カップを温める。

丁寧にお湯を注いで、香りを引きだしながらドリップを楽しんでいました。

珈琲と合わせる一番人気は、オランジェット。甘く煮付けた柑橘類の果皮に、チョコレートをコーティングしたフィンガースイーツです。

皮の内ワタの取り除き加減、茹でるときの苦味の残しかた、コーティングするチョコレートの甘味の選び方。きれいにコーティングできた時のうれしさはひとしお。

珈琲　オランジェット添え

スイートポテトは、さつまいもを皮つきのまま適当な大きさに切って、蒸籠で蒸します。竹串や楊枝がスッと通ったら、熱いうちに皮を剝いてマッシャーで潰し、有塩バターとメープルシロップ、牛乳を加えて滑らかにします。この時、加える甘味はさつまいもの甘みを確かめながら調整します。一口サイズに手で丸めて、間隔を開けながら、クッキングシートに並べ、溶き卵（卵黄）を塗って、黒胡麻や白胡麻をトッピング。オーブンで軽く焼き上げて出来上がり。

エスプレッソとスイートポテト

紅茶とさつまいもクッキー

「紅茶っていえば、『南極物語』（1983年）の北極ロケのとき、渡瀬（恒彦さん）と一緒に小屋で休んでたら、渡瀬に子どもが生まれたって知らせが入ったんだよ。何かお祝いをと思って、その時もっていってたフォションのアップルティーを淹れてブランデーを少したらして、二人で飲んだの覚えてるな。『先輩、ありがとうございます』って喜んでくれた。紅茶っていうと、ダージリンとか、アッサムとかアールグレイとかいろいろあるじゃない。でも僕はその時飲んだアップルティーが忘れられないね」

アップルティーの香りに導かれた、温かな思い出に浸りました。

ポルボロンは、スペイン・アンダルシア地方で食べられている、ほろほろとした軽い食感が特徴の焼き菓子。

薄力粉を、うっすら色づく程度に弱火で炒って、粗熱をとっておきます。その間に、常温に戻した有塩バターをゴムベラでクリーム状にして、さらに粉糖を混ぜ合わせ、アーモンドプードル、冷ました薄力粉を篩《ふる》い入れ、生地に一体感をもたせるよう混ぜていきます。薄力粉を炒っているので、つなぎ役のグルテンがありません。卵も加えないので、まとまりにくいのですが、粉っぽさがなくなってきたら台の上に敷いたラップの上でひとまとめに。１㎝ほどの厚さに整えて、冷蔵庫で一晩程度休ませます。切り分けて、１５０℃に予熱したオーブンで20分焼き上げて完成。サクホロッとした、優しい口どけです。

ジャスミン茶とポルボロン

お煎茶と桜餅

ある日の午後、いただいた生菓子に合うよう煎茶を淹れていると、

「『蟬しぐれ』、そこの棚にあったよね」

と高倉に言われ、書棚から抜いてもっていきました。藤沢周平傑作長編『蟬しぐれ』（文藝春秋）です。

「ここ見て」と、高倉が開いたページには、蛍光ペンで幾筋も線が引いてありました。

「年齢的に難しいのはわかってるけど、最後のここだけでいいから演《や》りたかった。文四郎がふくと分かれたあと、馬上で、手綱をきゅっとしぼって走り出すの。僕には、完全に画《え》が見えてるんだ」

『蟬しぐれ』は、苛烈な運命に翻弄されながら成長を遂げる海坂藩《うなさか》の下級武士、牧文四郎と、藩主の側室となった隣家の娘、小柳ふくとの、30年ほどにわたる心の通い合いが切なく、そして温かい余韻を残す物語。

高倉は、日頃出演する作品についてのインタビューをお受けしたとき、「心に刺さる1行の台詞があれば」と答えていて、出演叶わなかった『蟬しぐれ』では、最後の場面に思いを寄せていたようです。

ルイボスティーと胡麻団子

ほうじ茶と草餅

胡麻団子は、羊羹や栗餡のアレンジデザートとして作りました。

白玉粉と上新粉を混ぜ入れたボールに適量のぬるま湯を少しずつ加えて、耳たぶほどの柔らかさに捏ねます。小さなピンポン玉ほどの大きさに丸めた生地を円形に伸ばして、餡団子に整えます。団子を転がしながら、全体に胡麻をまぶしたあと、両手で軽く包みこむと胡麻がはがれにくくなります。揚げ爆発のないよう、米油の温度は、団子を入れたとき軽く泡だつくらいを目安に。ふわっと仕上がった、揚げたてをどうぞ。

干菓子には、抹茶のお薄を一服

抹茶は、専用の篩《ふるい》にかけて、サラサラパウダーに漉《こ》すひと手間で、肩肘張らないキッチンお点前《てまえ》ながら、泡のきめ細やかさに差がつきます。

空の抹茶碗に熱めの湯を注いで温め、そこに茶筅《ちゃせん》の穂先をくぐらせて湿らします。湯をきった抹茶碗に、お抹茶を茶杓《ちゃしゃく》2匙（ティースプーン軽く1杯）ほど。お湯は、一度湯呑に注いで適温に下げてから、抹茶が飛び散らないよう優しく注ぎ入れます。まずは、茶筅で抹茶碗の縁から円を描くように抹茶とお湯をなじませて、次に手早く縦方向に動かして泡を立てます。最後に〝の〟の字を描いて、茶筅を真ん中から優しく引き上げると、山型泡の完成。

お抹茶と落雁

赤い鳩のシュガーポット

「この赤がいいよね。これ、恵《けい》ちゃんのところに行ったとき、テーブルに置いてあったんだ。見てたら、何だかすごくほっとしてね。信州の有名な民芸品なんだって。買える?って訊いたら、次までに用意しておきますって。で、今回受け取ってきた」

と、高倉が持ち帰ってきたのが、赤い鳩のシュガーポットでした。信州上田の代表的な工芸品のひとつで、材料は長野県の県木・白樺。表面の白い樹皮を手で剝いて、一年以上乾燥させてからロクロで削り出すのだとか。最近は、森林伐採に制限がかかって、手に入りにくいそうです。

恵ちゃんとは、宮入《みやいり》恵さん。高倉が親しくしていた刀匠、宮入小左《こざ》衛《え》門行平《もんゆきひら》さんです。高倉は、東映作品時代に本物の刀剣類に触れる機会を得て以来、プライベートでも気に入った数振を手元に置いていました。心静かに手入れを行う所作の美しさは、まさに眼福でした。

バナナブレッド

林檎パンケーキ　レーズン入り

林檎ケーキ

パンプディング

パンプディングは、食べきれなかったバゲットのリメイクに最適。

卵、牛乳、きび砂糖で作るプディング液に大振りにちぎったバゲットを浸して、林檎とレーズンを加えてオーブンで焼く。表面はカリッと、中はしっとり。お好みで、シナモンパウダーをひと振り。

葛切り

「(東映)京都の撮影所で仕事をしていたとき、鍵善《かぎぜん》(良房《よしふさ》)って和菓子の老舗があって、葛切りを良く食べてたんだ。風味が変わるから、出前はしないって言われてたんだけど、僕と邦ちゃん(田中邦衛さん)の2人だけ特別にって、女将さんの好意で撮影所まで出前してくれてた。京都で、あの美味しい作りたての葛切りを食べさせてあげたいな」

夏になると葛切りの出前が増えました。

豆寒天

おかき二種（醤油味&塩味）

7

夜食

何という贅沢……

寝る前に、「何かちょっと、食べたいな」

中盛ご飯を3等分に。二口ほどで食べられるちびむすびの中身には、焼き鮭、焼き明太子、塩こぶ、梅干し、肉味噌、削り節、お味噌など。

とっておきは、塩むすび！

ちびむすびーず

きな粉餅

黒胡麻餅

お汁粉

インスタント味噌ラーメン

「何か今日は、ラーメン食べたいって気分」と、夕食後の映画を観終えた高倉からのリクエスト。

「もしもの時に備えて、インスタントラーメンとかカップ麺とか買っておいた方がいいんじゃない」といって始めたローリングストックの袋麺1食分を2人分に。塩味、醤油味、味噌味、その時の気分で。野菜多め、茹で卵と自家製焼き豚を添えて。

「昔は急にラーメンが食べたくなると車を飛ばして食べに行ってたけど、今は家で食べられるから贅沢だよね。ありがとう」

ちび chibi 焼きおにぎり

三角おむすびに対して、焼きおにぎりはまん丸に。

フライパンに並べて両面を軽くカリカリに。醬油、胡麻油、みりんを合わせたタレにさっとくぐらせて、フライパンに戻してジュッ。焦げやすいので、弱火をキープ。もう片方もジュッ。焦がし醬油の香りに笑顔こぼれて。

線香花火

旬の食材で季節を知る。

そして、お正月、節分、ひな祭り、端午の節句の菖蒲湯、夏至の日の柚子湯、お盆など、暮らしを彩る季節を愛《め》でてきました。

毎年、お盆には迎え火と送り火を欠かさず、胡瓜の精霊馬《しょうりょううま》と、茄子の精霊牛《しょうりょううし》を作り、手を合わせました。

２０１４年は、高倉が体調を崩し４月から入院加療を続けた年でしたが、８月13日は退院が叶い、自宅で迎え火を焚くことができたのです。

「これで、今年も、お母さんとお父さん来てくれるね」

16日の送り火の日、頼まれて買っておいた線香花火の封を開け、２人で１本ずつ手に取り、蠟燭の火を移しました。

「…………」

「………」

高倉の火の玉が先に落ちて、

「……おわりぃ……。貴《たかし》、（線香）花火、ありがとう」

夏のおわり、嫋《たお》やかな夜風に吹かれると、ふと、線香花火をしたくなります。

高倉の声が、聞こえる気がして……。

ごちそうさまでした～おわりに

「ごちそうさま。おいしかった」

高倉の声の余韻に後押しされながら、17年間の日常を、お料理で振り返りました。


心の限りを尽くした高倉の看取りを終え、それでもなお、気を張り続けていられる時間は限られていて、振り返れば、高倉の看取りのあと10日間ほど、食欲は私の身体から抜け落ちていました。

「水分だけは、忘れないで摂ってね」というお声掛けをいただき、倒れずにいられましたが、栄養失調と不眠。促されて入院を選びました。

「少し深く寝られるように、薬を処方しましょうか」と、担当医から勧められましたが、私が委ねようと思ったのは、時薬《ときぐすり》。

急がず、無理なく、深呼吸をして。

歩いて、歩いて。

耐えきれなくなったら、立ち止まる。

雑念は、たくさんの涙で洗い流そう。


先ず、どうしたら、食べ物を美味しいと感じるようになるかが課題でした。

最初は、半強制的にお粥を二口か三口からはじめ、次のステップは、固形物。

食べやすいバナナを頼りました。薄切り食パンにマヨネーズを塗って、ハム1枚とバナナ1本、飽きのこないよう工夫して、ときどきツナを加えてロール状に。次に、温泉卵を添えて、たんぱく質を摂ることも意識しました。

　この時期、珈琲はまだ身体が受けつけませんでした。

「これなら、食べられるね」と、治療中の高倉が、その喉越しのよさから口にできた葛湯を、自分のために作りました。幼いころ、病弱だった私に母がよく作ってくれました。調べれば、千年以上も昔から薬用として知られていて、イソフラボンやサポニンが豊富。ほんのりと甘くとろみのあるひと匙《さじ》が、身体のすみずみに染みわたっていくひとときに、幾度も助けられてきたのです。小鍋に真っ白な葛粉と水、そして、好みの量の砂糖を加えて、弱火でとろみが出てくるまで温めるだけのシンプルさ。発熱して、多少ふらふらしていても、これなら自分で作ることもできる本葛は、常備しておきたいものの一つでした。

〝お腹がすいた〟を最優先し、今までになかった手抜きも甘えも面白がりました。

睡眠時間確保のために、迷わずお弁当を頼りました。調理されたおかずを、ありがたく買わせていただいてご飯はできるだけ炊き立てを。忙しさのあまりPCに向かいながら、おせんべい1袋を食事代わりにすることも良しとしました。冷凍庫に保管しているハーゲンダッツアイスクリームがチラチラと頭をかすめてきたら473㎖を食べきったり、大好きな苺1パックは、無言のうちに完食。

「僕は、このカレーなら1週間に1度食べていたい」と、高倉に気に入ってもらっていたカレーライスを作る気になったのは1年以上たってからですが、1人分にこだわったせいか、あまりの不味さにひとり苦笑い。

そして今は、食べたいものが思い浮かび、ほぼ自炊の日常と、ときどき外食をバランス良く保てるようになりました。

生前、高倉が、仕事で長く家を離れ帰宅したとき、

「何かちょっと痩せたんじゃない？

独りでもちゃんと食べなきゃだめじゃない。
貴《たかし》は自分で作れるのに、何で食べなかったの！」
と言われたことを励みに、ワンプレートブランチを模索できるようになりました。

すべてにワクワクしていきたい。

この本では、お料理を作り、自然光のなかで撮影を行う1人作業にご理解をいただいて、本格的な撮影に入るまえに、文藝春秋写真部の橋本篤さんから、機材等のアドバイスをいただきました。使用したのは、愛用機のコンパクトデジカメのほかに、カメラを2台。レンズは、100㎜のマクロレンズと、18〜150㎜のズームレンズ、三脚も1台買い足しました。

キヤノンマーケティングジャパン株式会社の新保朋也さんには、カメラ、レンズ等のレンタルの特別なご配慮を賜りました。

担当編集者の伊藤淳子さん、前著『高倉健、最後の季節《とき》。』担当編集者の桒《くわ》名《な》ひとみさん、デザイン部の野中深雪さんとは、出来上がったお料理の写真を、都度iPhoneやメールなどで共有しました。

晴れの日は、お料理撮影日和。

伊藤さんは、「今日は朝から良いお天気だったので、どんなお料理が写真で送られてくるか楽しみでした。今日もお腹が鳴っています」と、お料理に対しての細かいチェックをいただき、野中さんは、デザイナーの視点で食材の盛り付け、見栄えについてご意見をくださったので、必要に応じて再度撮影を行いました。棄名さんからは、器や食材の季節感についてご感想をいただき、三者三様の視点を励みに、最後まで走り抜くことができました。

この本の完成までに、高倉とのご縁を引き継がせていただきました多くの皆様から、さまざまな食材とともに、いつも体調へのお心遣いを賜りました。

〝あぁ、お腹がすいた。何を食べよう〟は、決して当たりまえのことではなく、きわめて健やかで、穏やかな心もちが保たれた身体からの便りだということを、身をもって味わいました。

いただきます。

ごちそうさま。

何より、笑顔で味わう食事が、〝楽《たの》し味《み》〟という最高の隠し味ではないでしょうか。

「人間にとっていちばん寂しいのは、何を見ても、何を食べても、何の感動もしないこと。感動をしなくなったら、人間おしまいだと思うんですね。こんな寂しいことはないと思います。人間にとっていちばん贅沢なのは、心がふるえるような感動。美しいとか、うまいと感じるとか、一日に一回でいいから、われを忘れて、立ち上がって、拍手ができるようなことがあればいいですね。」

『高倉健の美学　今に生きる201の言葉』文藝春秋社刊

高倉の言葉をたよりに、頬を緩ませ、生かされている今に感謝を忘れない日々を送りたいと思います。

お世話になりました皆様、この本を手に取っていただいた読者の皆様、美味しいと笑顔でお食事を楽しまれますように。感動を忘れずに、どうぞご健康でいらしてください。

どうもありがとうございました。

２０２４年　白露　鶺鴒鳴《せきれいなく》　　小田貴月

索　引

3 主菜

Special Thanks

秋永全徳	浅井友見	麻生友里	阿部道則	荒巻蓉子
飯田久彦	生島ヒロシ	石井直明	石井万記子	石倉良枝
井出太	伊藤正巳	伊藤照子	稲本千香	井村啓造
岩永廣一郎	岩永かずえ	宇佐美格	臼井賢一郎	内堀實
梅田正則	海老澤信	老川祥一	大石陸平	大泉勉
太田天籟	大野浩宣	小椋正樹	風間克二	川崎勝子
川田孝行	川畑興治	川畑和子	吉川祐子	紀藤正樹
桑原尚志	小西理恵子	後藤健寿	後藤治子	斉藤節子
斉藤正信	齊藤千鶴子	佐藤茂	佐藤圭子	佐藤忠幸
佐藤英明	佐藤洋子	三瓶祐毅	篠原重人	篠原三知代
嶋宮勤	十文字美信	白戸治	新保朋也	菅原正二
杉田成道	鈴木謙一	鈴木俊子	鈴木文雄	鈴木節子
諏訪ひとみ	髙橋昭博	髙橋路子	田代玲子	武丸和代
玉井行人	玉井素香	築城健義	築城則子	坪内大輔
坪内真由美	鶴間光男	鶴間眞優美	土井弘子	藤裕己
藤朋子	徳永明美	戸邉博	友野宏一	友野晴貴
中田寿子	中西宏	中東佐知子	中村稔	名児耶明
西田忠光	西野忠士	西野泰子	野田和弥	野村晋右
野村守一郎	羽豆史郎	羽豆実木子	坂内譲	菱田信
牧政子	松久信幸	松久洋子	真花宏行	真花聡子
三木明博	箕浦勉	箕浦尚美	宮入恵	宮入有子
宮川朋之	宮越精一	宮越純子	宮越康介	宮本幸一
宮本正典	宮本富子	牟田佐千子	村田和央子	百木薫
森田道明	森田恵	柳下正則	薬師神芳夫	柳貴子
柚山ていこ	吉岡恒良	吉川絵里子	吉川圓良	吉田晴雄
吉田邦子	横尾忠則	渡邊邦雄	渡辺紀子	和田健太
和田志保子				

本書は書き下ろしです。

料理・撮影・スタイリング・装画　小田貴月
装丁・本文デザイン　野中深雪
編集　伊藤淳子
編集協力　吉地真　桒名ひとみ　橋本篤
宣伝プロモーション　向坊健　金子かおり
営業　楠美詩織
DTP制作　エヴリ・シンク

小田貴月（おだ・たか）
一九六四年、東京都生まれ。女優を経て、海外ホテルを紹介する番組のディレクター、プロデューサーとして三十ケ国以上を巡る。一九九六年、香港で高倉健と出会う。二〇一三年、高倉健の養女に。現在、高倉プロモーション代表取締役。著書に『ＨＯＴＥＬ』（近代映画社）、『金のホテル銀のホテル』（朝日文庫）、『スウィートルーム』（大栄出版）、『高倉健の想いがつないだ人々の証言「私の八月十五日」』（今人舎）、『高倉健、その愛。』（文春文庫）、『高倉健の美学』『高倉健、最後の季節。』（文藝春秋）。

高《たか》倉《くら》健《けん》の愛《あい》した食《しょく》卓《たく》

二〇二四年十月十日　第一刷発行

著　者　小《お》田《だ》貴月《たか》
発行者　大松芳男
発行所　株式会社　文藝春秋
〒一〇二-八〇〇八　東京都千代田区紀尾井町三-二三
電話　〇三-三二六五-一二一一

印刷製本　光邦

万一、落丁・乱丁の場合は送料当方負担でお取替えいたします。
小社製作部宛、お送り下さい。定価はカバーに表示してあります。

ISBN978-4-16-391904-1　Printed in Japan